elementar Arbeitsfelder im Pfarramt

Jörg Neijenhuis

Liturgik
Gottesdienstelemente im Kontext

Vandenhoeck & Ruprecht

Bibliografische Information der Deutschen Nationalbibliothek

Die Deutsche Nationalbibliothek verzeichnet diese Publikation
in der Deutschen Nationalbibliografie; detaillierte bibliografische
Daten sind im Internet über http://dnb.d-nb.de abrufbar.

ISBN 978-3-525-62004-5
ISBN 978-3-647-62004-6 (E-Book)

© 2012, Vandenhoeck & Ruprecht GmbH & Co. KG, Göttingen /
Vandenhoeck & Ruprecht LLC, Bristol, CT, U.S.A.
www.v-r.de
Satz: textformart, Göttingen
Druck und Bindung: ⊕ Hubert & Co., Göttingen

Gedruckt auf alterungsbeständigem Papier.

Inhalt

Zur Einführung   7

1   Feiern und Feste   11

2   Kann man einen Gottesdienst überfordern –
    oder: Hat der Gottesdienst ein Burn-out?   17

3   Gottesdienste alternativ   22

4   Die Kasualisierung von Gottesdiensten an Sonntagen   26

5   Der Gottesdienst ist eröffnet –
    die Bedeutungen beginnen zu spielen   33

6   Psalm gebetet – in die Gebetstradition
    eingetaucht   40

7   Kyrie eleison – der Herr ist groß
    und wir sind klein?   46

8   Gloria in excelsis – Gloria und Glorien   55

9   Kollektengebet – Tagesgebet – Eingangsgebet   61

10 Schriftlesungen – wer sagt hier eigentlich was?   67

11 Glaubensbekenntnis – warum es im
    Gottesdienst auch nicht nötig sein könnte   75

12 Gottesdienst und Taufe   83

13 Predigt und Abendmahl –
    ein nicht immer konfliktfreies Feld   91

14 Kleidung nach Maß   97

15 Moderation im Gottesdienst?   105

16 Abendmahlsgebet – Eucharistiegebet   111

17 Christe, du Lamm Gottes –
muss man das immer singen?   117

18 Gebete aus der Literatur – oder eigene Gebete?   123

19 Fürbitten – was betet man öffentlich,
was lieber nicht?   128

20 Vaterunser – kann immer gebetet werden   132

21 Lied, Musik und Atmosphäre –
falls kein Raumteiler im Weg steht   136

22 Segnen und verfluchen   142

23 Gesten und Gebärden, Sitzen und Stehen
und manch' andere Verstrickungen   147

24 Liturgische Theologie und Theologie der Liturgie   156

Publikationsnachweise   159

Zur Einführung

Welchen Ort haben liturgische Elemente im Verlauf des Gottesdienstes, welche Aufgabe übernehmen sie, wofür kann man sie einsetzen? Das zu bedenken, zu wissen und entsprechend bei der Gottesdienstvorbereitung zu beachten, trägt zum Gewinn und zur Qualität der Gottesdienstfeier bei. Aber damit ist noch nicht alles zu den liturgischen Elementen gesehen und gesagt, denn jedes liturgische Element hat auch ein Eigenleben und entbietet einen Eigensinn. Dieses Eigene geht über die funktionale Betrachtung hinaus. Wer daran achtlos, gar missachtend oder aus purer Unkenntnis vorbeigeht, wird dem Gottesdienst Verlust und Qualitätsminderung eintragen.

Man kann ein Gespür dafür erwerben, das sich je neu ereignende Eigenleben wahrzunehmen und den Eigensinn nicht zu übersehen. Das gelingt weniger bei der Vorbereitung des Gottesdienstes am Schreibtisch als vielmehr durch die Feier der gottesdienstlichen Liturgie selbst. Denn von nicht zu unterschätzender Bedeutung ist die Mitfeier der Gottesdienstteilnehmenden. Erst in der gemeinsamen Feier derer, die den Gottesdienst vorbereiten und leiten, und jener, die sich auf die Liturgie einlassen und sie mitfeiern, werden sich das Eigenleben und der Eigensinn zeigen. Wie sie sich zeigen, lässt sich am Schreibtisch nicht unbedingt vorhersehen und vorherbestimmen; die Feier der Liturgie ist für ihr Verständnis grundlegend.

Die folgenden 24 Kapitel, die schrittweise der Liturgie folgen, machen auf dieses Wahrnehmen und Spüren aufmerksam, weil und damit sich in der Liturgie die Freude des Glaubens zeigt.

Das ist eine genuin liturgiewissenschaftliche Sicht. Um diese Sicht in den Blick zu nehmen, werden die liturgischen Elemente aus
- historisch-theologischer,
- systematisch-theologischer und
- praktisch-theologischer

Sicht beschrieben.

Die *praktisch-theologische Sicht* impliziert zweierlei: Zum einen meine ich damit die Praktisch-theologische Wissenschaft, zum anderen meine eigenen Erfahrungen und Beobachtungen in und mit der Praxis des Gottesdienstes. Schließlich kann man die Praktische Theologie als Praxistheorie verstehen, die von der eigenen Praxiserfahrung nicht absehen kann. Das können die *historische und systematische Sicht* allerdings ebenfalls nicht. Auch hier fließen bei jedem Autor seine Kenntnisse und seine eigenen theologischen Positionen ein, wenn es darum geht, eine geschichtliche Situation oder einen Gedanken systematisch zu schildern.

Überdies sind wir durch die Geschichte geprägt, denn wir stehen in einer Gottesdienstgeschichte ebenso wie in bestimmten theologisch-systematischen Traditionen und Gedankenzusammenhängen. Diese haben auch die liturgischen Elemente, wie sie auf uns gekommen sind, geprägt: nicht nur historisch und systematisch, sondern auch praktisch. Jede Epoche in der langen Zeit der Gottesdienstgeschichte hat als Praxis die liturgischen Elemente geprägt, die wir heute wiederum historisch und systematisch betrachten. Und heute nehmen wir immer wieder spielerisch und frei dieses Gewordensein der liturgischen Elemente auf in unsere Praxis, in unsere Systematik und prägen damit die Geschichte des Gottesdienstes weiter und formieren auf diese Weise Tradition.

Aber das ist eben noch nicht alles. Die Liturgie ist etwas Eigenes und in ihrer Tradition hat sie immer etwas Eigensinniges gezeigt. Das schwingt beständig mit, wo auch immer die liturgischen Elemente in einer Liturgie platziert und wie auch immer sie verwendet wurden und verwendet werden, um mit ihnen Gottesdienst zu feiern.

Die 24 Texte sind im Laufe von zehn Jahren entstanden. Gerhard Engelsberger lud mich ein, in lockerer Folge Essays zum Gottesdienst für die Pastoralblätter zu schreiben. Ich habe das Angebot gern angenommen und so ist mit der Zeit eine fortlaufende kleine Darstellung der liturgischen Elemente erschienen. Diese Beiträge habe ich überarbeitet, andere neu geschrieben. Überschneidungen und die eine oder andere Doppelung sind nicht zu vermeiden, da jedes Essay für sich gelesen werden kann, aber auch immer wieder den Bezug zu den anderen Ausführungen herstellt und ihre Zusammenhänge aufnimmt.

1 Feiern und Feste

Die Begriffe Feier und Fest sind nicht einfach austauschbare Begriffe – sie meinen Verschiedenes, aber nicht etwas, was gänzlich voneinander geschieden werden könnte. Sie gehören auf eine besondere Weise zusammen, die hier mit Blick auf den Charakter von Gottesdiensten erörtert werden soll. Dass beide Begriffsbedeutungen sich überschneiden, aber nicht einfach austauschbar sind, zeigt sich schon am alltäglichen Sprachgebrauch: Ein Fest wird gefeiert (und nicht »gefestet«) und eine Feier kann einen feierlichen, aber auch einen festlichen Charakter haben – genauso wie vom Gottesdienst gesagt wird, er könne feierlich, aber ebenso auch festlich sein.

Dabei werden der Feier oder dem Feierlichen und in Absetzung davon dem Fest oder dem Festlichen unterschiedliche Eigenschaften zugesprochen. Feier und Fest haben unterschiedliche Gestimmtheiten des Menschen im Blick:

- *Das Feierliche* hebt aus dem Alltag heraus; das feierliche Bewusstsein ist nicht unbefangen, es herrscht ein gewisser Ernst, eine Stille, eine Angespanntheit vor; Bewegungen werden in einem angemessenen Tempo verrichtet, sie sind getragen und gehalten, sie versinnbildlichen das Gewicht der hier gefeierten Bedeutung. Es wird eine feierliche Sprache in korrekter und gehobener Sprechweise gesprochen, die über der Alltagssprache steht. Dasselbe gilt auch für die Musik, sie vermag einer Veranstaltung einen feierlichen Charakter zu verleihen. Zur Feierlichkeit gehören dunkle und satte Farben: Schwarz, Purpur, sattes Rot und Gold. Der Raum ist in eine leichte Dunkelheit gehüllt. Das Prunkvolle herrscht vor, etwas Zeremonielles tritt hinzu. Nüchternheit ist fehl am Platz.
- Das *Festliche* dagegen ist eine andere Weise des Gestimmtseins: Es herrschen das festliche Weiß und helle Farbigkeit

vor. Lampen und Kerzen erhellen jeden Raum auch mitten in der Nacht. Festliche Kleidung, Schmuck und Blumen, Leichtigkeit, Freiheit und Gelöstheit lassen ein gewisses Schweben empfinden. Es darf gelacht werden, der freie, gar lockere sprachliche Ausdruck ist möglich, Tanz und leichte Musik sind angesagt. Die Lebensfreude kommt hier zum Ausdruck.

In diesen Formulierungen zeigt sich, dass Feier und Fest nicht klar und eindeutig zu unterscheiden sind, sondern dass enge Zusammenhänge und fließende Übergänge bestehen. Beide – Fest wie Feier – sind außeralltäglich. Ein weiteres Gemeinsames besteht darin, dass sie beide – als Außeralltägliches – auf den Alltag bezogen sind und zu seiner Bewältigung dienen. Das aber bewirken Feier und Fest unterschiedlich.

- Die *Feier* ist eine Form des Zusammenkommens von Menschen, in der wertrationales Handeln institutionalisiert ist; dies zeigt sich zum Beispiel, wenn im Gottesdienst ein Glaubensakt bewusst vollzogen wird: Er wird in seiner Bedeutung auch für die alltägliche Wirklichkeit sowohl für den Einzelnen wie für die Gesamtheit der Feiernden bewusst gemacht. Ihr Warum, Woher und Wozu werden reflektiert und als bedeutend qualifiziert.
- *Das Fest* ist eine Form des Zusammenkommens von Menschen, die den Alltag aufhebt. Dessen Regeln werden temporär außer Kraft gesetzt. Emotionales und spontanes Handeln, Ekstase und Verschwendung sind erlaubt. Soziale Hierarchien werden eingeebnet. Die Zumutungen der gesellschaftlichen Regeln werden aufgehoben, es entsteht eine Entlastung auf breiter menschlicher Ebene. Das Fest ermöglicht die Flucht aus der alltäglichen Wirklichkeit, es ermöglicht Erholung vom Alltag. Die Unterbrechung des Alltags dient dessen Bewältigung.

Die Feier ist wie das Fest ein außeralltägliches Ereignis, aber inhaltlich auf den Alltag und seine Wirklichkeit bezo-

gen. Die Feier ist Sinn vergewissernd und handlungsorientiert, das Fest dagegen hat eine für den Menschen entlastende und erholsame Funktion.

Eine Feier ist immer eine Zeremonie, die vollzogen wird; die Feier ist immer ein Ritual, das begangen wird. Denn jede Feier hat einen Anlass. Auch die Anlässe lassen sich in zwei Ordnungen unterscheiden.

– Die Anlässe der einen Seite liegen in der *Vergangenheit* und sollen durch diese Feier in die Gegenwart gesetzt werden. Indem ein entscheidendes Ereignis mit der Feier in die Gegenwart gesetzt wird, kann es entweder erinnert werden, weil man das Ereignis selbst erlebt hat, oder es wird, wenn es keine persönliche Erinnerung geben kann, wie z.B. an den *Kreuzestod Jesu,* dieses entscheidenden Ereignisses mit der Feier gedacht.

   Die Liturgie sieht vor, welche Bibeltexte zu verlesen sind, ordnet Gebete und Gesänge, die als Reaktionen der heutigen Menschen auf dieses Ereignis zu verstehen sind, die Predigt hebt die aktuelle Bedeutung des vergangenen, aber für den eigenen Glauben so entscheidenden Ereignisses hervor. Bei den tatsächlich zu erinnernden Ereignissen, wie z.B. bei einem Ehejubiläum, werden die damaligen Ereignisse erinnert, der Trauspruch wird wieder mit der Predigt ausgelegt, das Ehepaar wird für die weiteren Ehejahre erneut gesegnet.

– Aber eine Feier, eine Liturgie kann noch etwas anderes sein als eine Gedächtnisfeier, als eine Vergegenwärtigungsfeier. Damit ist die andere Möglichkeit der Anlässe angesprochen: Eine Feier kann sich auch auf die *Zukunft* beziehen. Sie kann eine neue Wirklichkeit hervorbringen, sie kann neue Erfahrungsräume schaffen. Dass mit der Feier einer Liturgie eine neue Wirklichkeit hervorgebracht werden kann, dass neue Erfahrungsräume eröffnet werden, kann exemplarisch an der *Taufe* gezeigt werden: Das Kind wird durch die Feier zu einem getauften Menschen, dem Gott seine Gnade zugesagt hat, der nun zur Kirche, zum Leib Christi gehört. Indem einem Menschen eine neue Qualität zugeschrieben wurde, ist an ihm eine Identitätsveränderung vorgenommen worden: Es gibt für diesen Menschen eine neue Wirklichkeit mit neuen Erfahrungsräumen, die sich in seinem Leben zeigen können.

Dasselbe gilt auch für die *Trauung*. Zwar wird nach evangelischem Verständnis die Ehe auf dem Standesamt geschlossen – oder bei Luther vor der Kirchentüre –, doch diese Ehe wird mit der Trauungsfeier vor dem Altar gesegnet. Damit ist sie eine von Gott gesegnete Ehe. Beide Menschen haben eine neue Qualität zugeschrieben bekommen, an ihnen ist eine Identitätsveränderung vollzogen worden, die sie selbst herbeigeführt haben. Sie leben nun in einer neuen Wirklichkeit, die ihnen neue Erfahrungsräume eröffnen wird.

Ähnliches gilt für die Bestattungsfeier. Ein verstorbener Mensch wird mit dieser Feier aus der Gemeinschaft der Menschen verabschiedet und tief in die Erde eingegraben. Das bedeutet auch für die Hinterbliebenen, insbesondere für die Familie, eine Identitätsveränderung.

So werden mit dieser Art von Feiern, die keine Gedächtnisfeiern sind, Tatsachen geschaffen, Realitäten verändert, eine neue Wirklichkeit erschlossen, die das weitere Leben bestimmen werden.

Im Anschluss an solche Realität verändernden und Wirklichkeit eröffnenden Feiern findet ein *Fest* statt. Ist es nicht so, dass mit diesen anschließenden Festen die veränderte Wirklichkeit insofern aufgenommen wird, als neue Erfahrungsräume spielerisch ausgelotet und für den Alltag eingeübt werden? Das Andere, das Neue wird eingeübt, um mit den neuen Tatsachen im Alltag zurechtzukommen: Ein getaufter Mensch ist nun als ein Christ zu betrachten, zwei Menschen sind zu einem Ehepaar geworden, ein verstorbenes Familienmitglied wird das Leben der Hinterbliebenen nicht mehr aktiv mitgestalten.

Das sich der Feier anschließende Fest, z. B. das Hochzeitsfest, hilft den beiden Familien und den von beiden Partnern mitgebrachten Freunden, sich nun als in neuen Beziehungen befindliche Menschen zu verstehen. Diese Beziehungen werden mit dem Fest spielerisch eingeübt, um sich danach im Alltag zu bewähren. Und nach einer Bestattungsfeier wird der gemeinsame »Leichenschmaus« natürlich ohne den Verstorbenen stattfinden, die Hinterbliebenen formieren sich in neuen Beziehungen und in der Familie zu anderen Machtverhältnissen, während sich alle mit Hilfe von Essen und Trinken des eigenen Lebens, ja des Überlebens, des Noch-Lebens vergewissern.

Spannend zu beobachten ist, dass die Gottesdienste immer mehr den Charakter von Festen annehmen und eher weniger feierlich, zeremoniell, ritualisiert erscheinen. Festtheoretiker beklagen, dass in der Moderne die Feste verfallen. Ein richtiges Fest, das ein ganzes Volk erfassen und bewegen könnte, gibt es nicht mehr. Mag es daran liegen, dass vor dem Fest die Feier, das eine neue Wirklichkeit hervorbringende Ritual fehlt? Sodass nun das Fest zur Entlastung vom Alltag verwendet wird, ähnlich einem Urlaub, und nicht mehr gefeiert wird als Einübung in eine neue Wirklichkeit, weil gar keine neue Wirklichkeit mehr eröffnet wurde? Kann es sein, dass die Gottesdienste in ebensolcher Weise zur Entlastung von gestressten Zeitgenossen benutzt und verstanden werden? Dass man die Seele baumeln lassen will?

Man kann es gut nachvollziehen, dass gestresste Zeitgenossen Orte bzw. Räume aufsuchen, die befreit sind vom Dauer-Veränderungswahn unserer Zeit, befreit sind vom Zwang, immer alles noch besser und noch effektiver machen zu müssen, wo man nicht ständig unter Evaluierungsdruck steht und wo man nicht ständig ein Dauerlächeln im Gesicht haben muss. Dazu ist ein Fest da, es befreit von den Zumutungen des Alltags und setzt für eine festgelegte Zeit und einen festgelegten Raum diese Regeln außer Kraft. Und vielleicht kommt ja irgendwann wieder die Zeit, dass stärker nach Inhalten gefragt wird, nach neuen Erfahrungsräumen, nach anderen Wirklichkeiten; dass man sich auf Rituale und Zeremonien einlassen will, die Kraft kosten, weil sie immer ein Wagnis sind und weil dabei das See-lengebaumele schnell aus dem Takt geraten kann.

Feier und Fest – die mit diesen Begriffen beschriebenen Phä-nomene sind ihrerseits nicht so eindeutig zu bestimmen, wie mancher es sich wünschen mag. Sie erfüllen nicht nur eine be-stimmte Funktion und haben nicht nur eine klar zu umrei-ßende Bedeutung, sondern sind schon in sich vieldeutig. Ihre Vieldeutigkeit nimmt noch zu, wenn man bedenkt, wie sich das Feierliche und das Festliche gegenseitig überlappen. Dann entstehen Verbindungen, werden Bedeutungskonstellationen zum Leben erweckt, die man im Vorhinein nicht immer über-schauen kann. Die Liturgie, der Gottesdienst birgt in sich im-mer beides: das Feierliche und das Festliche. Ob der Charakter des Gottesdienstes eher feierlich als festlich oder eher festlich als feierlich wahrgenommen wird, wird nicht allein hervor-gerufen von dem, der ihn vorbereitet, sondern auch von jenen, die diesen Gottesdienst feiern – denn auch sie bringen ihre Wünsche und Vorstellungen mit, die den Gottesdienstcharak-ter mitprägen werden.

 Testen Sie sich selbst

⊙ Nennen Sie Merkmale der Feier und Merkmale des Festes.
⊙ Warum sind Feste und Feiern außeralltäglich?
⊙ Nennen Sie Anlässe für Feiern und Feste.

Dass Wünsche und Vorstellungen den Gottesdienst auch in ne-gativer Weise mit prägen können, ja, dass Wünsche und Vorstel-lungen an den Gottesdienst herangetragen werden können, die er gar nicht zu entsprechen und zu erfüllen in der Lage ist, kann den Gottesdienst an den Rand seiner Möglichkeiten bringen. Darum die Frage des nächsten Kapitels, ob der Gottesdienst auch ein Burn-out haben kann.

2 Kann man einen Gottesdienst überfordern – oder: Hat der Gottesdienst ein Burn-out?

Viele, wenn nicht gar allzu viele Erwartungen verbinden sich mit dem Gottesdienst. Unter der Last der Erwartungen scheint er zu ächzen, manchmal bricht er darunter zusammen. Gottesdienst hat Burn-out. Wobei nicht Gottesdienst gleich Gottesdienst ist. Bei den Kasualgottesdiensten sieht die Lage anders aus als bei den wöchentlichen Sonntagsgottesdiensten.

Gemeinsam ist aber allen Arten von Gottesdienst, dass der Besuch bzw. die Teilnahme an einem Gottesdienst für die meisten Menschen der einzige Kontakt zur »Kirche« ist. Sie nehmen am Gemeindeleben nicht teil. Oftmals kennen sie den für sie zuständigen Pfarrer nicht, wenn doch, dann nur aus der Tagespresse oder auch dem Gemeindebrief. Alle nur erdenklichen Erwartungen an »Kirche« müssen nun mit diesem Gottesdienstbesuch erfüllt werden.

- Das ist vielleicht möglich bei den *Kasualien*. Dort ist für den Pfarrer die Erwartungshaltung viel klarer zu erkennen; er kann sie gezielt aufgreifen, denn die Kasualie ist ja ein deutlich umrissenes Feld seelsorgerlichen Handelns.
- Bei dem *sonntäglichen Gottesdienst* sind die Erwartungen schwerer zu überblicken. Selbstverständlich kennt der Pfarrer seine Kerngemeinde. Er kennt die Erwartungen seiner treuen Gemeindeglieder oder meint doch, sie zu kennen. Aber genau das kann genau dahin führen, dass er in Entsprechung dieser Erwartungen den Gottesdienst inhaltlich, strukturell, kulturell etc. so eng führt, dass andere, die eher selten oder zufällig in den Gottesdienst kommen, keinen Anschluss finden. Ganz abgesehen von ihren eigenen Erwartungen, die ja auch nicht außen vor der Kirchentüre bleiben.

Der Erwartungen gibt es viele. Ob Kerngemeinde oder seltener Besucher – niemand ist frei von Erwartungen an den zu feiernden Gottesdienst. Da kann es die eigene Glaubensansicht sein, die man hier bestätigt und verwirklicht sehen möchte. Für andere »Konfessionen« hat man weniger Verständnis.

Viele Menschen haben ein unbefriedigtes religiöses Gefühl. Weil Religion mit Kirche gekoppelt wird, müssen sich die eigenen religiösen Gefühle jetzt im Gottesdienst ausleben dürfen. Für die einen ist es die Erfahrung des Heiligen, die wie ein frommer Schauer den Rücken herunterläuft. Für andere ist das tröstende Wort, das ganz persönlich zugesprochen werden soll. Wieder andere erwarten, dass sich ein Gemeinschaftsgefühl einstellt, das alle zusammenschweißt und sich in einer Hochstimmung ausdrückt. Manche erwarten etwas unbestimmt Außergewöhnliches, so etwas Ähnliches wie ein Wunder. Andere dagegen wollen es unbedingt kumpelhaft und locker – bloß nichts, was irgendwie formelhaft daherkommt oder nach Distanz aussieht! Schwung muss da hinein, man möchte mitgerissen und in Bann gezogen werden. Die einen wollen einen feierlichen und ernsten Gottesdienst, die anderen wollen es fröhlich und locker.

Viele Menschen kommen zudem mit unbearbeiteten Konflikten zum Gottesdienst. Sie erwarten eher selten, dass ihre Konflikte dort gelöst – oder gar erlöst – werden, aber der Konflikt mit seiner ihm eigentümlichen Energie wartet gleichwohl darauf, sich abreagieren zu können. Möglichkeiten zum Abreagieren bieten die Predigt, die langweilig und schlecht ist, die Musik, die nicht zeitgemäß ist, die Liturgie, die sowieso nur etwas für Vorgestrige ist, die Orgel, die viel zu laut ist, usw., usw., um schließlich damit zu enden, dass es bitte so sein soll, wie es immer war!

Darüber hinaus stehen noch allerhand Jubiläen an, die gefeiert werden sollen: natürlich die Goldene Konfirmation, dann auch die Goldenen oder Silbernen Hochzeiten im Sonntagsgottesdienst; die Feuerwehr feiert ihr 100-jähriges Bestehen, der Freundeskreis der Kirchenmusik existiert seit 20 Jahren, die neue Pfadfindergruppe hat ihre 100. Gruppenstunde erlebt, der Bürgerverein zur Verschönerung des Stadtteils, der sich auch um die Außenanlage der Kirche kümmert, arbeitet seit sieben Jahren.

Über das Problem mit der Musik und der Kultur kann man ohne Ende lamentieren. Wann ist die Kirche endlich postmodern? Die problemorientierten Argumente sind unzählige: Orgelmusik ist langweilig, Popmusik in der Kirche gilt als anbiedernd, Jazz auf der Orgel hört sich komisch an. Die Liedtexte sind völlig veraltet, auch wenn sie erst vor zehn Jahren entstanden sind. Sie entsprechen nicht mehr den Fragen der Gegenwart. Bei neuen Liedern kennt man die Melodie nicht, das Singen der ungewohnten Melodien artet in Stress aus. Und dann die ganze Art der Veranstaltung, so ein Moderator im Fernsehen würde keine zwei Sendungen überstehen! Man müsse mal dahin gehen, wo andere Menschen Veranstaltungen leiten: Vernissage, Podiumsdiskussion, Show, Wettkampf! Milieu und Lebensstile müssen getroffen werden, zielgruppengerecht muss das Produkt verkauft werden, sonst glaubt es ja keiner! Auf das richtige Design kommt es an! Das Ganze muss kommunikativ verlaufen und ergebnisoffen sein!

Geduldig schultert der Gottesdienst alle Erwartungen. Er will es ja allen recht machen. Er will ja niemanden enttäuschen. Aber der Gottesdienst hat sich überschätzt. Er ächzt schon lange unter der Last der Erwartungen. Er bricht zusammen. Diagnose: Burn-out. Muss der Gottesdienst in Kur, muss er sich gar einer Therapie unterziehen?

So fühlt es sich zumindest an, wenn er irgendwie nicht mehr richtig gefeiert werden kann, niemand mit ihm zufrieden ist, mehr sich an ihm ärgern als sich an ihm erfreuen. Dann werden Kommissionen gebildet, Pfarrer, Organisten, Sachverständige, Kirchengemeinderäte, Kirchenleitungen usw. machen sich Gedanken, woran es jetzt eigentlich fehlt, woran der Patient erkrankt ist.

Die Diagnosen fallen recht unterschiedlich aus, der Patient

wird in ganz unterschiedliche Kuren und Sanatorienaufenthalte geschickt. Viel Energie wird für die Diagnostik aufgewendet, Therapiepläne werden aufgestellt und durchgeführt. Manchmal kommt der Patient Gottesdienst erholt zurück, manchmal waren alle Bemühungen vergebens, alle Kraftanstrengungen scheinen umsonst gewesen zu sein.

Übersehen wird manchmal, dass die Feier der Liturgie, das Fest des Gottesdienstes eine Sache des Glaubens ist. Ohne diesen Glauben, ohne Erwartung, dass mit der Liturgie die Gegenwart Gottes gefeiert wird, dass Gott uns Menschen in Wort und Sakrament begegnet und dass wir ihn deshalb loben und ihm dafür danken und von dieser Erfahrung her den Alltag in den Blick nehmen, wird die Mitte der Gottesdienstfeier verkannt. Das kann auf Dauer nicht gut gehen.

Andere Erwartungen schieben sich in den Vordergrund. Ein Konflikt entsteht, da die Struktur der Liturgie für Dinge, für die sie nicht geschaffen wurde, verwendet wird. Wir können es z. B. heute nachvollziehen, wie der Gottesdienst in der Aufklärungszeit zu einer Lehrveranstaltung, gar zu einer Art Unterricht umfunktioniert wurde. Dabei ging jegliche Feierlichkeit und jegliches Festliche verloren. Die Liturgische Bewegung hat später diese Dimension des Gottesdienstes wieder in den Vordergrund gerückt.

Burn-out ist nach offizieller Formulierung ein Zustand völliger Erschöpfung und der Patient hat Schwierigkeiten mit der Lebensbewältigung. Voraus geht meist eine Lebensphase, in der ein extremes Leistungsstreben an den Tag gelegt wurde, um außergewöhnliche Erwartungen erfüllen zu können. Das scheint manchmal mit der Liturgie und mit dem Gottesdienst ähnlich zu sein: Mancherlei Erwartungen sind falsch, andere sind viel zu hoch. Und das in unserer Zeit, in der das religiöse Bildungsniveau – auch in der Kirche – sinkt und die Erwartungen immer diffuser werden. Es verwundert nicht, wenn die Erwartungen an den Gottesdienst ihn selbst in eine Lebenskrise bringen und er dann untauglich wird, die Hoffnungen auf eigene Lebensbewältigung erfüllen zu können.

Der Gottesdienst, die Liturgie ist eine Glaubensfeier. Diese Erwartung auf Glaubensausdruck und Glaubensstärkung hat die Liturgie immer erfüllt und kann sie auch weiterhin erfüllen. Mit ihr kann die Gottesbegegnung gefeiert werden und Freude am Glauben und Freude an Gott auslösen. Das ist ihre Stärke.

 Testen Sie sich selbst

⊖ Stellen Sie sich vor, Sie sollen einer Konfi-Gruppe den Sinn des Gottesdienstes deutlich machen – was sagen Sie?
⊖ Beschreiben Sie – möglichst aus eigener Erfahrung – Erwartungen an den Gottesdienst.
⊖ Sortieren Sie: gerechtfertigte / ungerechtfertigte Erwartungen; wie würden Sie mit Letzteren umgehen?

Wiederum andere geben dem Burn-out-Gottesdienst kaum noch eine Chance, sondern schauen sich gleich nach einer Alternative um. Sie suchen nach dieser Alternative nicht in der vielfältigen Geschichte des Gottesdienstes, sondern in den vielfältigen medialen Formaten der Gegenwart, die für Unterhaltung sorgen. So hat sich ein zweites, ein alternatives Gottesdienstprogramm entwickelt, das im nachfolgenden Kapitel vorgestellt wird.

3 Gottesdienste alternativ

Neben den typischen Gottesdiensten des Sonntagmorgens haben sich in den vergangenen Jahrzehnten alternative Gottesdienste etabliert, die teilweise ebenso am Sonntagmorgen, manchmal auch zu alternativen Gottesdienstzeiten am Sonntagnachmittag oder -abend, auch an Wochentagen gefeiert werden. Gemeint sind nicht die Familiengottesdienste oder die Gottesdienste im Grünen etc., die doch meist, was den Verlauf des Gottesdienstes betrifft, sich an den herkömmlichen Ordnungen orientieren. Gemeint sind solche Gottesdienste, die auch als »Gottesdienste des Zweiten Programms« bezeichnet werden.

Es sind wirkliche Alternativgottesdienste, weil sie sich nicht an der Gottesdienstordnung der Messe (Gottesdienst mit Predigt und Abendmahl) oder der Gottesdienstordnung des Predigttyps (Gottesdienst mit Predigt, ggf. mit angehängtem Abendmahl) orientieren. Diese wirklichen Alternativgottesdienste verlassen bewusst diese Traditionen und suchen neue Orientierung an Vorbildern, die in der Welt der Unterhaltungsshows und der Unterhaltungsindustrie gefunden werden. Das zeigt sich schon an der Raumgestaltung, mit der der alternative Gottesdienst gefeiert wird.

Ein Beispiel
Vorn im Raum steht kein Altar, ein Kreuz ist nicht zu finden, sondern es sind Bistrotische aufgestellt. Links daneben ist eine Band platziert, die leichten Sakropop spielt. Der Gottesdienstleiter tritt mit Mikrofon in der Hand auf, hat lässig eine Hand in seine Hosentasche geschoben und plaudert mit dem Publikum, dann bald mit einem Gast, den er an einem Bistrotisch begrüßt. Nach dem Gespräch folgt ein

Anspiel, dafür werden die Bistrotische zur Seite geräumt, Requisiten werden wie in einem Theater aufgestellt, und nachdem die Musik aufgehört hat zu spielen, beginnt das Anspiel, das ein Alltagsproblem einer Familie zur Aufführung bringt. Nach dem Anspiel folgt ein Text aus der Bibel, der das Anspiel verdeutlicht.

Nun werden Lieder gesungen, ein Beamer wirft Noten und Text an die Wand, währenddessen werden die Requisiten abgeräumt und die Bistrotische wieder aufgestellt. Nachdem gleich vier Lieder hintereinanderweg gesungen wurden, werden von Gemeindegliedern Lösungsvorschläge vorgetragen, wie solche Familienprobleme mit dem Glauben gelöst werden können, andere Gemeindeglieder legen Glaubenszeugnisse ab, Berichte aus dem Glaubensalltag werden vorgetragen. Dann setzt wieder Sakropop ein, diese ruhige und leichte Hintergrundmusik spielt auch weiter, als nun Dank-, Bitt- und Lobgebete gesprochen werden. Die Musik schließt das Gebet mit einem kräftigen musikalischen Finale ab. Anschließend hält der Moderator eine Ansprache. Es folgen wieder einige Lieder und der Gottesdienst wird mit einem Segensgebet beendet. Die Band spielt noch mal so richtig auf, das Publikum klatscht begeistert mit.

Das ist nur ein Beispiel eines solchen Alternativgottesdienstes; ihre Verläufe sind so zahlreich und so unterschiedlich, dass sie kaum in eine »Grundordnung« zusammengefasst werden können. Es ist ihnen aber gemeinsam, dass sie nicht nur Elemente aus der Unterhaltungsindustrie aufnehmen, um den traditionellen Gottesdienst etwas aufzulockern, sondern dass sie von vornherein als Unterhaltungsshows konzipiert sind.

Das hat den Vorteil, dass auch Menschen, die nicht an die traditionellen Gottesdienste gewöhnt sind, diese Gottesdienste leicht und sofort mitfeiern können. Unterhaltungsshows kennen sie aus dem Fernsehen, wissen die Funktion von Bühne, Moderator, Bistrotischen und Musik einzuschätzen. Die »Gemeinde« versteht sich als Publikum und wird auch als solches behandelt. Die Musik ist leicht mitzusingen, da der Vorsänger der Band den Text ja laut über die Lautsprecheranlage singt und nicht, wie im traditionellen Gottesdienst, nur die Orgel die Melodie spielt. Auch dann, wenn kaum jemand das Lied mitsingt, vermittelt die Band den Eindruck, dass das Lied gesungen wird.

> *Diese Gottesdienste orientieren sich nicht an der Hochkultur, sondern am Niveau der Unterhaltungskultur, wie es Schlagerparaden und Quizshows eigen ist. Das zeigt sich nicht nur in der Wahl des Musikstils, sondern auch in der Qualität der Texte. Sie sind einfach, leicht eingängig und meist sofort verständlich. Man hat den Eindruck, dass man die Inhalte schon oft gehört hat. Irgendwie sind sie einem vertraut.*

Man nimmt daran keinen Anstoß, es sei denn, man beginnt sich zu langweilen. Wenn ich recht beobachtet habe, hat so manche Kirchenleitung in dieses Gottesdienstprogramm große Hoffnung investiert, da die traditionellen Gottesdienste langsam, aber stetig, immer weniger Mitfeiernde zählen können. Wohl bestand die Hoffnung auch darin, dass nun Menschen angesprochen werden, die sich eigentlich an traditionellen Gottesdiensten nicht beteiligen. Diese Hoffnungen haben sich wohl nicht bewahrheitet. Mancherorts muss man feststellen, dass sich die Gemeinden in unterschiedliche Milieus auffächern, so wie es die unterschiedlichen Kulturen dieser Gottesdienste vorgeben.

Die Alternative dieser Gottesdienste zu den traditionellen Gottesdiensten liegt in ihrer Orientierung am Paradigma der Unterhaltung, es ist wie mit dem Unterschied zwischen U-Musik und E-Musik: Die Alternative liegt in der Unterscheidung von Unterhaltungsmusik und ernster Musik.

Testen Sie sich selbst

⊕ Unterscheiden Sie klassische Gottesdienstformen.

⊕ Rekapitulieren Sie eigene Erfahrungen mit alternativen Gottesdiensten. Beurteilen Sie Formen und Wirkungen.

⊕ Diskutieren Sie den Zusammenhang zwischen alternativen Gottesdiensten und dem gesellschaftlichen Phänomen der »Event-Kultur«.

Dass in der modernen Gesellschaft Menschen immer individueller werden, dass besondere Anlässe wichtig und ernst genommen werden, kann man auch an der zunehmenden Kasualisierung von Gottesdiensten erkennen. Denn Gottesdienst wird immer von der Gesellschaft und ihrer Situation mit beeinflusst, wie im nächsten Kapitel gezeigt wird.

4 Die Kasualisierung von Gottesdiensten an Sonntagen

Der Gottesdienst am Sonntag, am Auferstehungstag Christi, ist keine Kasualie. Der Anlass für einen Kasualgottesdienst ergibt sich aus dem, was vorfällt – wie die Bezeichnung Kasualie schon sagt. Anlässe gibt es viele: ein Kind soll getauft werden, eine Paar möchte heiraten, ein Verstorbener muss bestattet werden, die Schule feiert den Schuljahreseröffnungsgottesdienst, der Rotary-Club möchte seine alljährliche vorweihnachtliche Zusammenkunft mit einem weihnachtlichen Gottesdienst beginnen, der Ruderverein feiert sein 75-jähriges Bestehen.

Auch der Sonntagsgottesdienst hat wie die Kasualie einen Anlass, einen Beweggrund: Weil Christus auferstanden ist, kommt an diesem Tag die Gemeinde zusammen, um im Gottesdienst das Evangelium zu kommunizieren.

Ob nun Kasualgottesdienst oder Sonntagsgottesdienst: Das Woher und das Warum des Anlasses konturieren zugleich den Gottesdienst selbst. Wird beim Sonntagsgottesdienst auf den Grund des Glaubens Bezug genommen, sodass der Gottesdienst von dorther seinen Charakter erhält, so geben bei den Kasualien die Fälle des Lebens den Charakter des Gottesdienstes vor. Gleichwohl sind beide Gottesdienstarten aufeinander bezogen: Der immer wiederkehrende Sonntagsgottesdienst feiert im Glauben den gegenwärtigen Gott und sieht so auf das konkrete Leben, die je und je zu feiernden Kasualgottesdienste nehmen die besondere Lebenssituation auf und deuten diese in der Perspektive des Glaubens.

Wenn nun eine zunehmende Kasualisierung des Sonntagsgottesdienstes zu beobachten ist, dann werden in diese Gottesdienste »Fälle« eingetragen, die den Charakter des Gottesdienstes verändern werden, ja sogar müssen. Oftmals werden solche Gottesdienste dann zu Themengottesdiensten, die aufgrund eines Leitmotivs gestaltet werden.

Beispiel
Da der gemeindeeigene Kindergarten sich an der Gottesdienstgestaltung beteiligen soll, wird ein Familiengottesdienst gefeiert. Alles wird unter das Leitmotiv der Arche Noah gestellt – nicht nur die szenische Darstellung der Sintflut und die Predigt, sondern auch die Lesung, die Lieder, die Gebete, ja selbst der Segen wird entsprechend formuliert. Die Geldkollekte kommt Kindern zugute, die ihr Hab und Gut durch eine Flutkatastrophe verloren haben. Das anschließende Beisammensein im Gemeindehaus wird bereichert durch eine Fischsuppe. Mit nach Hause nehmen dürfen alle Kinder einen selbstgebastelten Regenbogen.

Dass solche und ähnliche Gottesdienste beliebt sind, liegt auf der Hand. Die Kirchengemeinderäte sehen es gern, wenn viele Menschen den Gottesdienst besuchen. Der Pfarrer freut sich, dass er so viele Menschen ansprechen kann. Die Kindergarteneltern, die eher selten zur Kirche kommen, sind von solchen lockeren Gottesdiensten, die ja so ganzheitlich sind, begeistert.

Aber es ist auch die Verlustrechnung aufzumachen: Oftmals bleibt die traditionelle Kerngemeinde diesen Gottesdiensten fern. Es entsteht eine Konkurrenz zwischen den »normalen« Sonntagsgottesdiensten und den kasualisierten Sonntagsgottesdiensten. Zu beobachten ist auch, dass Sonntagsgottesdienste, die eigentlich von ihrem Sinn her ureigentliche Gemeindegottesdienste sind, zu Kasualgottesdiensten mutieren: Die Konfirmation wird oftmals unter sehr geringer Beteiligung der Kerngemeinde gefeiert. Auch den Gottesdiensten zu Jubelkonfirmationen geht die Kerngemeinde verloren.

Diese Beobachtungen veranlassen drei Fragen:

1. Ist der Grund dieser Entwicklung in der Event-Gesellschaft zu suchen, die nur noch spontan und projektorientiert, aber nicht mehr kontinuierlich an Veranstaltungen teilnimmt und damit auch den Kausalgottesdienst bevorzugt?

2. Als Zweites ist nach dem Begriff von Gemeinde zu fragen: Wer ist »die Gemeinde«? Ist das die Kerngemeinde oder sind es auch jene, die zwar nicht regelmäßig zum Sonntagsgottesdienst kommen, aber gern an kasualisierten Sonntagsgottesdiensten teilnehmen? Schließlich sind sie sich bewusst, Mitglieder der Evangelischen Kirche zu sein.

3. Die dritte Frage präzisiert den Begriff Gemeinde auf den Begriff der Gottesdienstgemeinde: Besteht sie nur aus den evangelischen Kirchenmitgliedern, die zur Parochialgemeinde gehören? Wie sind jene einzuordnen, die anderen christlichen und anerkannten Kirchen der ACK angehören, die oftmals Familienangehörige oder Ehepartner sind? Gehören sie auch zur Gottesdienstgemeinde? Diese Frage stellt sich insbesondere bei den Kasualgottesdiensten, da ja in kaum einem Fall bei einer Taufe oder einer Bestattung nur Menschen anwesend sein werden, die Mitglieder der Evangelischen Kirche sind.

Zur *ersten Frage:* Es ist unbestreitbar, dass viele Menschen sich an die Event-Kultur gewöhnt haben. Sie hat Einzug gehalten nicht nur bei den Gottesdiensten, sondern auch in der Gemeindearbeit. Was hier innerkirchlich praktiziert wird, wird unreflektiert auf den Sonntagsgottesdienst übertragen. Wenn an ihm kein Event-Charakter erkennbar ist, wird kein Grund gesehen, daran teilzunehmen. Trotzdem kann man auch wahrnehmen und feststellen, dass es trotz aller Event-Kultur und Projektorientierung weiterhin Menschen gibt, die mit großer Regelmäßigkeit und Selbstverständlichkeit Aufgaben übernehmen, die sie über Jahre oder Jahrzehnte, wenn nicht gar ihr Leben lang ausführen. Sie verhalten sich also nicht projektorientiert und lassen sich nicht nur für Events begeistern.

Zwischen diesen beiden Verhaltensweisen gibt es nur vordergründig eine Konkurrenz, bei kritischer Betrachtung entfällt sie: Viele Menschen vereinen in ihrem Verhalten beide Möglichkeiten, denn auch jene Menschen, die eine Aufgabe regelmäßig versehen, nehmen gleichwohl ebenfalls das große Event-Angebot wahr und verlassen sich darauf, dass dann, wenn sie an einem Event teilnehmen, es andere Menschen gibt, die hier die Kontinuität garantieren. So hat sich in den vergangenen Jahrzehnten die Beteiligungsstruktur dahingehend verändert, dass wohl mehr Menschen unterschiedlichste Events aufsuchen als regelmäßig an derselben Veranstaltungsart teilnehmen und dafür sogar Verantwortung übernehmen. Außerdem ist festzustellen, dass es zwar weniger Menschen sind, die regelmäßig eine Aufgabe erfüllen, dass es aber genau jene sind, die für Kontinuität stehen. Keine Gemeindearbeit lässt sich organisieren, wenn es nicht eine gewisse Anzahl von Mitarbeitenden und Teilnehmenden gibt, die ihr die Kontinuität garantieren. Dass eine Kontinuität nur von bezahlten hauptamtlichen Kräften aufrechterhalten werden kann, scheint mir kaum möglich zu sein.

Zur *zweiten Frage:* Wer ist Gemeinde? Das Augsburger Bekenntnis sagt im Artikel VII, dass Kirche bzw. Gemeinde dort ist, wo das Evangelium gepredigt und die Sakramente gereicht werden. Damit ist die Gottesdienstgemeinde in den Blick genommen. Und im folgenden Artikel VIII heißt es, dass die Kirche eigentlich nichts anderes ist als die Versammlung der Gläubigen und Heiligen. Davon zu unterscheiden ist freilich die Sozialgestalt von Kirche bzw. Gemeinde, die sich in einer Parochie bzw. Pfarrei zeigen kann. Es wäre weit gefehlt, getauften Menschen, die eher an kasualisierten Sonntagsgottesdiensten teilnehmen, den Glauben abzusprechen oder sie als Christen zweiter Klasse anzusehen. Vielmehr ist es so, dass es nicht allen Menschen möglich ist, den Glauben intensiv und vertieft zu leben. Insofern ist es die Aufgabe der Kerngemeinde, in und mit dem regelmäßigen Sonntagsgottesdienst den Glauben intensiv und vertieft zu leben. So wird der Sonntagsgottesdienst als jener Gottesdienst, in dem der Grund des Glaubens im Vordergrund steht, hochgeachtet. Auch hier gilt wie für die Gemeindearbeit: Nur wenn daran regelmäßig teilgenommen wird, wird sich diese Kontinuität auch auf die anderen Gottesdienste auswirken. Gibt die Gemeinde diese Kontinuität auf, wird sie nur noch vom Pfarrer selbst repräsentiert als jenem Glaubenden, der die Kontinuität in einer Parochie aufrechterhält, da er an all diesen regelmäßigen wie sporadischen Gottesdiensten teilnimmt und ihnen durch seine Person und seine Gestaltung Kontinuität gibt.

Zur dritten Frage, ob zur Gemeinde nicht auch jene Christen gehören, die einer anderen organisierten Gestalt von Kirche, also einer anderen Konfession angehören. Dies ist mit Artikel VII der Confessio Augustana zu bejahen. Heißt es doch dort, dass es zur Einigkeit der Kirche nicht nötig sei, einheitliche Zeremonien zu haben. Denn es komme darauf an, dass das Evangelium rein gepredigt wird und die Sakramente gemäß dem Evangelium gereicht werden. Wenn man also diesen Kirchenbegriff bzw. Gemeindebegriff aufrechterhalten und die auch wechselnden Teilnehmenden an Gottesdiensten als Gemeinde verstehen will, dann muss man sich um die evangeliumsgemäße Predigt und evangeliumsgemäße Feier der Sakramente bemühen. Dafür ist nicht allein der Pfarrer, sondern auch die Gemeinde verantwortlich. Auch hier wird sich die Gemeinde auf jene stützen müssen, die an diesen Versammlungen regelmäßig teilnehmen und durch ihre Kontinuität diese Kommunikation des Evangeliums garantieren.

An all diesen Erwägungen ist zu erkennen, dass von »der Gemeinde« gar nicht so leicht gesprochen werden kann. Gemeinde ist ein sehr vieldeutiger Begriff, der diese Vieldeutigkeit zu Recht in sich trägt. Dass sich Gewichtsverlagerungen innerhalb dieser unterschiedlichen Deutungen des Verständnisses von Gemeinde ergeben können, zeigt sich eben auch an der Konkurrenz von Sonntagsgottesdienst und kasualisierten Sonntagsgottesdiensten.

Dass solch eine Konkurrenz aber wenig sinnvoll ist, liegt wohl auf der Hand. Ihr könnte begegnet werden, indem man ein allzu enges Verständnis von Gemeinde aufgibt. Das herkömmliche Verständnis, dass zu einer Gemeinde eine Kirche, ein Gemeindehaus und ein Pfarrhaus gehören und dass sie eine abgegrenzte Parochie darstellt, leitet nicht dazu an, andere Formen der Frömmigkeit in Gemeindearbeit und Gottesdienst zu integrieren, sondern sie auszugrenzen. Denn die aufkommende Vielfalt übersteigt die Kapazitäten und Ressourcen einer normalgroßen Gemeinde.

Darum ist es Zukunft weisend, sich nicht als eine Gemeinde zu verstehen, die aufgrund einer Ortszugehörigkeit gebildet ist, sondern als einen Leib, der die notwendige Vielfalt integrieren kann und natürliche Ortsgrenzen übersteigt. Dann versteht sich eine Gemeinde von der Feier des Gottesdienstes her, wie es das Augsburger Bekenntnis beschreibt. Dass die Gottesdienste in vielfältigen Formen gefeiert werden, ist mit eingeschlossen.

So können innerhalb einer Gemeinde, die sich wie beschrieben als Leib Christi versteht, vielfältige Gottesdienstformen gefeiert werden, die sich als Ausdruck des einen Leibes verstehen. Auf diese Weise kann gewährleistet werden, dass der kontinuierliche Sonntagsgottesdienst, der gefeiert wird aufgrund der Auferweckung Christi als Grund des Glaubens, sonntäglich gefeiert wird und zugleich kasualisierte Gottesdienste an Sonntagen zu ihrem Recht kommen. Eine innergemeindliche Konkurrenz kann zugunsten einer Bereicherung aufgelöst werden und Christen können gemäß ihrer Glaubens- und Lebenssituation an der Feier der Gottesdienste teilnehmen.

Testen Sie sich selbst

⊙ Zählen Sie möglichst viele Anlässe auf, die Sie selbst mit-
gefeiert haben.
⊙ Definieren Sie dogmatisch und praktisch-theologisch, was
unter Gemeinde verstanden werden kann.
⊙ Stellen Sie Zusammenhänge zwischen Form und Inhalt von
Gottesdiensten her und erläutern Sie sie.

Jetzt sind aber genug Vorreden auf den Gottesdienst gehalten
worden – jetzt soll er selbst betrachtet werden! Der nächste Essay widmet sich der Eröffnung des Gottesdienstes und sofort sind
viele Bedeutungen im Spiel.

5 Der Gottesdienst ist eröffnet –
die Bedeutungen beginnen zu spielen

Durch die Eröffnung des Gottesdienstes werden Bedeutungen geschaffen, die den weiteren Verlauf des Gottesdienstes wesentlich bestimmen. Diese Bedeutungen werden durch Wort und Musik, durch das Auftreten des Liturgen und manche anderen Faktoren, wie z. B. den Kirchenraum, den Altarschmuck, die liturgische Kleidung, geschaffen. Man kann auch sagen, dass mit der Eröffnung ein (atmosphärischer) Raum, ein sinnvoller Zusammenhang, ja, eine neue Wirklichkeit geschaffen wird, worin der Gottesdienst sich ereignet. Es entwickeln sich ein Spannungsbogen und eine Dramatik, wenn Menschen Gottesdienst feiern. Wenn der Spannungsbogen nicht ansteigt, sondern in den ersten Minuten des Gottesdienstes bald erschlafft, wenn die Dramatik der Gottesdiensteröffnung nur Langeweile erzeugt, dann lassen sich dieser »Fehlstart« und seine Auswirkungen auf den Gottesdienst kaum noch wieder rückgängig machen.

Darum stellt sich die Frage, zu welchem Zeitpunkt und wodurch ein Gottesdienst eröffnet wird. Vielleicht durch das Votum »Im Namen des Vaters …« oder doch schon durch die Orgelmusik oder gar durch das Glockengeläut? Oder indem die Gottesdienstteilnehmenden den Kirchenraum betreten haben und an ihrem Platz ein Stilles Gebet sprechen? Vielleicht mit der Begrüßung durch Kirchengemeinderäte? Oder gehen dem Gottesdienst noch die Bekanntmachungen für die kommende Woche voraus, verbunden mit einer herzlichen Begrüßung – die gegebenenfalls auch mit besonderen Geburtstagsgrüßen versehen ist? Oder wurde durch sie der Gottesdienst bereits eröffnet? Andernorts geht dem Gottesdienst ein Sündenbekenntnis voraus. Und was muss für die Eröffnung bedacht werden, wenn z. B. bei der Konfirmation ein großer Einzug stattfindet?

An all diesen Erwägungen lässt sich erkennen, dass es viele Bedeutungen sind, die zusammenkommen, um in gegenseitiger Beeinflussung die Eröffnung des Gottesdienstes zu bewerkstelligen. Es ergibt sich so aus vielen Bedeutungen ein (hoffentlich gelungener) Gesamteindruck bei den Gottesdienstfeiernden, der nonverbal vermitteln kann, dass der Gottesdienst nun eröffnet ist, ja, dass man durch die Eröffnung bereitet wurde, den Gottesdienst nun feiern zu können, sei es als Gottesdienst am Sonntag mit Wort und Sakrament, sei es als Kasualie einer Trauung oder Bestattung.

In jedem Fall ist es leichter festzustellen, wann ein Gottesdienst als eröffnet gelten kann, als festzulegen, wann er denn nun begonnen hat: Der Gottesdienst am Sonntag ist eröffnet, wenn das Tagesgebet (bzw. Kollektengebet) gesprochen worden ist. Mit dieser Aussage beziehe ich mich auf das Evangelische Gottesdienstbuch von 1999. Es hat den Gottesdienst in vier Teile gegliedert:

A Eröffnung und Anrufung,
B Verkündigung und Bekenntnis,
C Abendmahl,
D Sendung und Segen.

Will man diesen Verlauf mit einem Spannungsbogen skizzieren, dann beginnt sich der Bogen während der Eröffnung und Anrufung vom Boden auf eine gewisse Höhe zu steigern und wird sich auf dieser Höhe bei Verkündigung und Bekenntnis, beim Abendmahl halten, um sich dann bei Sendung und Segen wieder abzusenken. Er hat den Boden wieder erreicht, wenn der Gottesdienst abgeschlossen und zu Ende ist.

Diese Vorgänge werden mit lateinischen Begriffen noch deutlicher: Im Messbuch der römisch-katholischen Kirche, dem Missale Romanum von 2002 (Typica tertia), heißt der Teil A ritus initiales. Dann folgen B liturgia verbi und C liturgia eucharistica. Mit D ritus conclusionis wird der Gottesdienst beendet.

Was wird also nun initiiert, was wird eröffnet und wozu brauchen die Gottesdienstteilnehmenden diese Initiierung, diese Eröffnung?

Um es kurz zu sagen: Sie brauchen alle als Gottesdienstfeiernde, sowohl der Liturg, die Predigerin, die Schriftlesende (u. a.) als auch die anderen Gottesdienstteilnehmenden, die keine besondere Aufgabe für die Gottesdienstgestaltung übernommen haben, diese Eröffnung, diese Initiierung, um gut vorbereitet, ja zubereitet zu sein, um Gottes Wort während der Schriftlesungen und der Predigt zu hören, mit dem Bekenntnis darauf zu antworten und um das Heilige Abendmahl feiern zu können.

Diese Eröffnung ist eine ganz menschliche Notwendigkeit und ebenso eine geistliche Vorbereitung; ihr dienen alle liturgischen Elemente, die bis zum Tagesgebet begangen werden. Die Agenden weisen oftmals als erstes »Element« das Glockengeläut aus. Das Geläut ruft die Glaubenden zum Gottesdienst, und wenn man so will, beginnt mit dem Geläut zwar nicht der Gottesdienst, aber der Gottesdienst hebt doch an – der Spannungsbogen hat den Boden verlassen und beginnt sich zu steigern.

Die Gottesdienst Feiernden beginnen mit der Gottesdienstvorbereitung, indem sie sich von zu Hause auf den Weg machen, indem sie ihre Gedanken auf den zu feiernden Gottesdienst lenken. Sie bringen also schon Bedeutungen mit, die der Liturg gar nicht beeinflussen kann. Schon hier sind einige Bedeutungen gesetzt, die sich im weiteren Verlauf mit anderen Bedeutungen verbinden, die sich gegenseitig, wie Wörter und Sätze, vertexten zu Sinngebilden, die den sinnhaften Bedeutungs-Raum für den Gottesdienst bereiten. Weitere Erfahrungsebenen werden angesprochen und als Bedeutungsebenen aufgenommen: Im Kirchengebäude angekommen, richten sich die Gottesdienstfeiernden mit einem Stillen Gebet an Gott, die

Orgel nimmt die musikalische Ebene, die bislang die Glocken innehatten, auf. Ein Einzug der Gottesdienstleitenden oder das Stille Gebet des Liturgen und/oder Predigers vor dem Altar, ja, an den Stufen des Altarraums zeigt die Richtung an, wohin sich das Ganze entwickeln soll: auf das Wort Gottes und auf das Heilige Abendmahl hin.

Mit dem ersten Gesang verbindet sich die musikalische Ebene des Gottesdienstes mit der Wortebene. Nach dem Gesang nimmt der Liturg durch Votum und Gruß diese Wortebene auf und proklamiert, in wessen Namen die Gemeinde diese Feier begehen will. Der liturgische Gruß unterstreicht, dass der Liturg wünscht, dass der Herr bei der Gemeinde ist. Die Gemeinde wünscht und glaubt es ebenso, dass der Herr es ist, der dem Liturgen als Beter und der Predigerin als Verkünderin des Wortes Gottes beisteht.

Darum steht der Liturg nun im Altarraum und die Predigerin bald auf der Kanzel. Durch den liturgischen Gruß ist die Beziehung untereinander bekräftigt und man weiß sich als Gemeinde. Mit weiteren Gebeten, wie z. B. Psalm, Bußgebet, Gloria und das abschließende Kollektengebet, wird die Beziehung aller Gottesdienstfeiernden zu Gott aufgenommen und aktualisiert.

So ist nun eine Vertextung der Bedeutungen geschehen: Mit den Worten wurde die Verbindung untereinander und mit Gott aktualisiert; mit der Inanspruchnahme des Kirchenraums wurde der besondere heilige Ort für die Feier angenommen; der Sonntag als Tag des Herrn im Verlauf des Kirchenjahres hat die Zeitebene aufgegriffen. Die Personen in ihren jeweiligen Rollen und mit ihren Aufgaben und Verantwortlichkeiten haben Position bezogen.

So kann man sicherlich noch viele Bedeutungen aufzählen, die nötig sind, um eine Grundlage, die geistliche Vorbereitung der Feiernden zu gewährleisten. Wenn dieses gelingt, dann ist der Gottesdienst eröffnet, dann ist Gott angerufen worden mit Psalm, Kyrie und Gloria und dem abschließenden Kollektengebet.

Schwierig wird dieses Konzept, wenn eine Gemeinde (und ihr Geistlicher) an den Predigtgottesdienst in der Weise gewöhnt ist, dass die Predigt den Höhepunkt des Gottesdienstes darstellt und alle vorausgehenden Gottesdienstelemente als Hinführung zur Predigt verstanden werden. Dann ergibt sich als Spannungsbogen eine recht gleichmäßig aufsteigende Linie, in der man keine explizite Eröffnung mehr feststellen kann – insbesondere dann, wenn das Tagesgebet auch noch als Vorbereitungsgebet für die folgende Schriftlesung verstanden wird. Denn nun baut sich ein liturgisches Element nach dem anderen aufeinander auf und führt zur Predigt hin. Diesen Spannungsbogen über solch einen langen Zeitraum aufsteigend zu halten, ist – so meine ich – schwieriger als eine kurze und bündige Eröffnung, die nun Raum gibt für die nächsten liturgischen Elemente.

Nach dem ersten Modell mit ausgesprochener Eröffnung wird sich die Gemeinde nach dem Tagesgebet setzen, da sie seit dem Votum gestanden hat. Durch das Setzen wird deutlich, dass ein Einschnitt gegeben ist: Nun beginnt das Eigentliche des Gottesdienstes: das Hören auf das Wort Gottes, das Bekenntnis und die Feier des Heiligen Abendmahls.

Dabei wird nicht abgestritten, dass auch die Eröffnung des Gottesdienstes zum Gottesdienst gehört, aber sie hat ihre eigene Funktion wie auch der abschließende Sendungs- und Segnungsteil. Darum muss sie so gestaltet sein, dass sie nicht ein vorgelagertes Übergewicht erhält, so dass man schon durch allzu viel Vorlauf ermüdet (oder genervt) ist und nicht mehr richtig auf die Schriftlesungen hören kann. Das würde dazu führen, dass man die Schriftlesungen kürzt und gar nur den Predigttext beibehält; und meist kommt dann das Alte Testament gar nicht mehr vor.

Wenn der Eröffnungsteil kurz und zügig begangen wurde, ist der Raum nun bereitet für den ersten Hauptteil des Gottesdienstes. Bekanntmachungen gehören sowieso in den Schlussteil des Gottesdienstes, weil am Ende des Gottesdienstes die Gemeinde auf die kommende Woche blickt: Schon das Fürbittengebet und erst recht der Segen wenden den Blick dem Alltag des Glaubens zu. In diesem Zusammenhang sind die Bekanntmachungen richtig platziert. Auch Anweisungen, wie etwas zu singen ist und was sonst noch alles für den Gottesdienst zu beachten ist, macht aus einer Eröffnung eine unendliche Geschichte. Eine Gottesdiensteröffnung, die mit Regieanweisungen beginnt, gelingt nur selten. Eine langschweifige Begrüßung, die doch jeden Sonntag dieselben Worte an dieselben Gottesdienstfeiernden richtet (Guten Morgen, liebe Gemeinde!), trägt kaum zur freudigen Feier des Gottesdienstes bei, geschweige denn bereitet sie darauf vor, Gottes Wort aus Lesungen und Predigt zu hören.

Eine kurze, in gut überlegten, wenigen Sätzen formulierte Hinführung zum Proprium, dem besonderen Leitgedanken dieses Gottesdienstes, ist sinnvoll – aber nicht als Belehrung, sondern wirklich als Hinführung, um die Aussagen der Gebete und Lesungen besser zu verstehen und auch nachvollziehen zu können. Das ist heute nicht zu unterschätzen: So mancher Sonntag mit seiner durch das Evangelium und den Predigttext zu Grunde gelegten Aussage ist nicht mehr von vornherein bekannt. Bekannt ist vielleicht noch das Proprium für Weihnachten, Ostern oder Erntedankfest – aber auch das für den 12. Sonntag nach Trinitatis?

Zu früheren Zeiten haben die Konfirmanden sogar die Kollektengebete für die Sonntage auswendig gelernt und wussten deshalb, welcher Grundgedanke dem jeweiligen Sonntag sein Proprium gibt. Davon kann man heute nicht mehr ausgehen und auch nicht mehr davon, dass das Charakteristikum der Sonntage im Kirchenjahr noch bewusst ist. Daher kann es sinnvoll sein, den Leitgedanken als Begrüßung zu verwenden. Auch er kann dazu beitragen, dass die Zubereitung der feiernden Gemeinde gelingt, damit alle hineingehen, alle mitgehen können in den nun eröffneten Raum, in die Wirklichkeit, die Gott selbst schafft.

Testen Sie sich selbst

⊕ Stellen Sie den Verlauf eines Gottesdienstes dar – zum Beispiel für die Konfirmanden.

⊕ Stellen Sie das Evangelische Gottesdienstbuch einer Gruppe ausländischer Pfarrerinnen und Pfarrer vor, die es nicht kennen.

⊕ Charakterisieren Sie die vier Teile des Gottesdienstes, wie das Evangelische Gottesdienstbuch sie bezeichnet.

⊕ Erläutern Sie den Begriff »Vertextung von Bedeutungen«.

Zur Eröffnung des Gottesdienstes gehört auch das Eintauchen in eine lange Gebetstradition. Nicht umsonst und zufällig wird ein Psalm zu Beginn der Feier gebetet, wie im nächsten Essay ausgeführt wird – so mancher Psalm hat sogar einem Sonntag seinen Namen gegeben.

6 Psalm gebetet – in die Gebetstradition eingetaucht

Dass ein Psalm zu Beginn des Gottesdienstes – vielerorts im Wechsel zwischen Liturg und Gemeinde – gebetet wird, hat sich in vielen Gemeinden fest etabliert. Heute wird er meist nach dem Votum und dem Gruß gebetet, beiden voraus gehen das Orgelvorspiel und ein Lied. Wenn man in die Anfänge des Psalmgebrauchs als Introituspsalm im christlichen Gottesdienst zurückblickt – bis etwa ins 6. oder gar 5. Jahrhundert ist dies möglich, die Datierung ist unsicher –, wird man feststellen, dass der Psalm als Allererstes zu Beginn der Gottesdienstfeier zu hören war. Auch tragen bis heute die Sonntage der Passionszeit Namen, die auf die Antiphon, den Kehrvers, zurückzuführen sind, die den Psalm gerahmt hat. So ist z. B. für den 2. Sonntag der Passionszeit »Reminiszere« aus dem Introituspsalm 25 der 6. Vers als Kehrvers verwendet worden: Reminiscere miserationum tuarum Domine – Gedenke, Herr, an deine Barmherzigkeit … Ein Blick in das Evangelische Gottesdienstbuch von 1999 zeigt, dass dieser Leitvers bis heute verwendet wird.

Reminiscere war also das erste Wort, das zu Beginn der Feier zu hören war. Der Bischof mit seiner Assistenz zog in die Kirche ein, während der Psalm gesungen wurde. War der Bischof am Altar angekommen, gab er dem Kantor ein entsprechendes Zeichen, der Psalm wurde beendet und das den Psalm beschließende Gloria Patri angestimmt.

Psalmen wurden aber – vermutlich – bereits von Anfang an im christlichen Gottesdienst verwendet. Darauf weisen die vielen Psalmzitate im Neuen Testament hin. Möglicherweise waren die Psalmen eher als Lesungen denn als Lieder in Gebrauch. Im 2. Jahrhundert entstanden zahlreiche Hymnen, die in Anlehnung an Psalmen gedichtet wurden. Psalmen sind wohl auch im Anschluss an Lesungen gesungen worden. Am intensivsten haben schließlich Mönche und Nonnen die Psalmen im Stundengebet verwendet.

Bis heute gehört der Psalm zu den Eröffnungsriten des Gottesdienstes. Das Evangelische Gottesdienstbuch von 1999 kennt die lutherische und die unierte Form der Eröffnung des Gottesdienstes:

– Die *lutherische Form* (EGb S. 64–67) sieht vor, dass der Gottesdienst nach dem Glockengeläut und der Musik zum Eingang mit Votum und Gruß eröffnet wird. Es kann ein Vorbereitungsgebet folgen, in jedem Fall folgt aber ein Lied, das auch ein Psalmlied sein kann. Es wäre nach dem gesungenen Psalmlied allerdings nicht sinnvoll, nun im Wechsel einen anderen (oder gar denselben!) Psalm zu beten. Darum ist es in diesen Gemeinden üblich, dass nach dem Eröffnungslied das Gloria Patri gesungen wird. Das Lied fungiert also als Eröffnungspsalm, auch wenn es gesungen und nicht gesprochen wird. Aber auch das an das Lied angehängte Gloria Patri ist nicht immer unproblematisch, weil manche Lieder in ihrer letzten Strophe selbst ein Gloria Patri bieten. So z. B. Lied 155, das im Evangelischen Gesangbuch unter den Liedern für den Eingang oder Ausgang rubriziert worden ist. Das Lied endet mit der Strophe: »Ehr sei dem Vater und dem Sohn, dem Heiligen Geist in einem Thron; der Heiligen Dreieinigkeit sei Lob und Preis in Ewigkeit.« Auch hier lauert also die Gefahr einer nicht sinnvollen Verdoppelung, falls nach dem Gloria Patri des Liedes noch das gewohnte Gloria Patri angehängt wird.

– Die *unierte Eröffnung* des Gottesdienstes (EGb S. 68–70) vermeidet alle diese Schwierigkeiten, weil sowohl das Lied gesungen als auch der Psalm gesprochen wird: Auf das Glockengeläut folgt Musik zum Eingang, dann wird das Lied gesungen. Der Liturg spricht das Votum und den Gruß, nun folgt der Psalm. An die Stelle des Psalms kann auch ein biblisches Votum, z. B. ein Psalmvers, treten. Der Psalm oder der Psalmvers wird mit dem Gloria Patri beschlossen.

Welche Bedeutung hat nun der Psalm, wenn er in einer der beschriebenen Formen zur Eröffnung des Gottesdienstes verwendet wird? In jedem Fall begleitet er nicht mehr den Einzug der Liturgen, der ist in den heutigen Agenden nicht mehr vorgesehen. Wenn aber einmal ein Einzug stattfindet, so wird er meist unter Orgelmusik vollzogen, seltener während des Eröffnungsliedes. Und wohl in keinem Fall, während die Gemeinde im Wechsel mit dem Liturgen den Psalm betet.

Dem Eröffnungspsalm könnte man die Bedeutung zuschreiben, dass er das erste gemeinsame Gebet der Gemeinde darstellt, das sie zu Beginn des Gottesdienstes betet. Sie schließt sich damit nicht nur der großen liturgischen Tradition seit der Alten Kirche an, sondern nimmt den Psalter als das Gebetbuch des Judentums und Christentums auf. Diese Bedeutungsgebung gilt für die lutherische Eröffnung des Gottesdienstes, in der das Lied als Psalm gesungen werden kann, weil kein Lied vor dem Psalm gesungen wird.

Diese Bedeutungsgebung lässt aber für die unierte Variante gelegentlich schwierigere Verhältnisse entstehen, weil ja oftmals auch das Lied ein gesungenes und gemeinsam vollzogenes Gebet darstellt, woraufhin nach Votum und Gruß gleich wieder ein Gebet, nun in Form des Wechselsprechens, vollzogen wird. Möchte man diese Doppelung vermeiden, dann muss man Lieder aussuchen, die nicht eo ipso Gebete sind. Es gibt ja auch eine ganze Reihe von Liedern, die verkündigenden Charakter oder eine Bitte um den Heiligen Geist zum Inhalt haben.

Man kann also sehen, dass sowohl die lutherische als auch die unierte Eröffnung des Gottesdienstes ihre je eigenen Fallstricke aufweist: Bei der lutherischen Eröffnung kann man sich mit dem Gloria Patri Dubletten einhandeln, bei der unierten Eröffnung ist es wenig sinnvoll, zwei nah aufeinander folgende Eröffnungsgebete zu vollziehen.

Es ist bezeichnend, dass der Beginn des Gottesdienstes nicht einheitlich benannt wird: Manchmal wird von »Eröffnung«, dann wieder vom »Eingang« des Gottesdienstes gesprochen.

Das mag daran liegen, dass man eine Eröffnung nicht als so lange andauernd empfindet, wie sie heute praktiziert wird. Denn nach dem Psalm folgen in lutherischer Tradition das Kyrie, das Gloria und das Tagesgebet; die unierte Tradition hat noch vor dem Kyrie das Bußgebet und nach dem Kyrie den Gnadenspruch eingefügt, sodass erst jetzt das Gloria folgt und darauf das Tagesgebet. Damit ist dann seit dem ersten Orgelklang schon eine erhebliche Zeitspanne vergangen, so dass man von einer Eröffnung nur schwerlich sprechen kann. Denn nach einer Eröffnung beginnt das Eigentliche und Wesentliche dieser Feier – die Schriftlesungen und die Predigt. Heutzutage bekommt diese Eröffnung oder dieser Eingang in den Gottesdienst ein ganz eigenes Gewicht und wird mancherorts zu einem eigenständigen liturgischen Teil des Gottesdienstes. Als Eröffnung wird nur das Orgelvorspiel und das erste Lied angesehen – der Gottesdienst wird als eröffnet empfunden. Das wird dadurch noch bestärkt, dass der Psalm zum Proprium des Sonntags gerechnet wird und somit die eigene Gottesdienstprägung intoniert.

In jedem Fall kann festgestellt werden, dass schon im frühen Mittelalter oftmals der Introituspsalm nicht mehr der Begleitgesang für den Einzug war, weil der Einzug wenig prächtig ausfiel, in kleineren Kirchen nur ein geringe Distanz von der Sakristei zum Altar zu überwinden war oder der Einzug sogar ganz entfiel. Dadurch ist der Psalm zu einem eigenständigen Eröffnungsgesang geworden, der er bis heute geblieben ist.

Auf den Psalm folgt das Gloria Patri. Dieser Gesang ist wohl viel älter als der Psalmgebrauch zum Einzug des Klerus im christlichen Gottesdienst. Das Gloria Patri stammt dem ersten Teil nach wohl aus dem syrischen Antiochia, wo der Psalmengesang seine Heimat hatte. Es wurde dort als antiarianisches Bekenntnis verwendet: Gloria patri et filio et spiritui sancto – Ehre sei dem Vater und dem Sohn und dem Heiligen Geist gegen die arianische Formel: Gloria patri per Filium in Spiritu Sancto – Ehre sei dem Vater durch den Sohn im Heiligen Geist.

Auch die Fortführung, die erstmals im 6. Jahrhundert belegt ist, ist eine antihäretische Formulierung, die die Einheit und Wesenseinheit der Trinität ausdrückt: sicut erat in principio, et nunc et semper, et in saecula saeculorum. Genau übersetzt: Wie sie (die Ehre) war im Anfang, und heute und immer, und in Ewigkeiten. Man vermutet, dass dieser Gesang von der Gemeinde seit frühester Zeit gesungen wurde, dann aber verfiel. Da der Chor den Psalm beim Einzug des Bischofs sang, hat der Chor auch das Gloria Patri gesungen.

Karl der Große versuchte, durch eine Anordnung diesen Gemeindegesang wieder einzuführen – wahrscheinlich mit wenig Erfolg, da vom Gemeindegesang des Gloria Patri im Mittelalter nicht berichtet wird. Auch die Reformation hat das Gloria Patri als Gemeindegesang nicht wieder hergestellt. Erst im 19. Jahrhundert ist es gelungen, dass die Gemeinde das Gloria Patri wieder selbst singt. Es macht nach dem Psalm deutlich, dass die christliche Kirche den Psalm zur Ehre Gottes singt. Sie betet zu Gott, sie lobt ihn und bringt auf diese Weise seine Ehre zum Ausdruck. Nur eine Woche im Jahr, während der Karwoche, schweigt das Gloria Patri. Es wird ebenso wenig gesungen wie andere lobende liturgische Elemente, da in dieser Leidenszeit kein Ton der Freude angestimmt werden soll. Statt des Gloria Patri kann ein schlichtes Amen gesungen werden.

Ob man nun von der Eröffnung oder vom Eingang des Gottesdienstes spricht – es wird mit dem Psalm deutlich, dass die Gemeinde vor Gottes Angesicht steht und sich ihm zuwendet. Zugleich wird das Proprium des Sonntags aufgenommen, das dann wieder im Tagesgebet anklingt und deutlich mit den Schriftlesungen zu Wort kommt.

Testen Sie sich selbst

⊕ Nennen Sie Unterschiede zwischen der lutherischen wie der unierten Form des Gottesdienstes. (Gegebenenfalls machen Sie sich kundig, welche Kirchenbekenntnisse es innerhalb der EKD gibt.)
⊕ Zeichnen Sie das Kirchenjahr auf und benennen Sie die Sonn- und Feiertage.
⊕ Diskutieren Sie den Wert historischer Argumente für den heutigen Gebrauch liturgischer Elemente.

Aber zunächst kommt noch das Kyrie eleison an die Reihe und die vielen Bedeutungen, so sehr sie Bereicherungen sein können, führen nicht immer zur rechten Freude des Feierns. Da macht das Kyrie eleison keine Ausnahme.

7 Kyrie eleison – der Herr ist groß und wir sind klein?

»Müssen wir denn schon wieder dasselbe Kyrie singen?«, fragt einer der Konfirmanden den Pfarrer. Die Gruppe bereitet mit ihm den Gottesdienst des kommenden Sonntags vor. Verdutzt schaut der Pfarrer den Konfirmanden an: »Wir haben doch noch nie ein anderes gesungen! Daran sind die Leute gewöhnt!« »Im Urlaub habe ich erlebt, wie im Gottesdienst der Chor ein ganz anderes Kyrie gesungen hat. Die Gemeinde hat abwechselnd mit dem Chor gesungen, obwohl kein Pfarrer am Altar stand!« Prompt berichtet eine Konfirmandin: »Als wir bei unserer Oma zu Besuch waren, hat die Gemeinde Kyrie eleison während des Fürbittengebets gesungen mit einer ganz tollen Melodie!«

Von so viel Gottesdiensterfahrung seiner Konfirmanden überrascht, nimmt der Pfarrer das Gesangbuch zur Hand: »Dann sucht euch ein anderes Kyrie aus! Vierzehn verschiedene stehen unter der Nummer 178!« Nun sind auch die Konfirmanden verdutzt – so viel Auswahl? Schnell sind die Gesangbücher aufgeschlagen. »Das ist unser Kyrie – das Zweite!« »Und das aus Omas Gemeinde steht unter Nummer 11!« »Ich finde das neunte schön – das ist so romantisch!« »Und welches passt für unseren Gottesdienst?«, fragt der Pfarrer.

Da macht sich eine gewisse Ratlosigkeit breit – soll man auf die Stimmung achten, soll ein anderer Text passen, sollen alle Konfirmanden am Altar singen und die Gemeinde antwortet oder sollen Konfirmanden und Pfarrer im Wechsel singen? Viele Varianten schwirren durcheinander gerufen im Raum, die Fantasie der Konfirmanden ist aber bald erschöpft. Schließlich ruft einer: »Kann mir eigentlich mal jemand sagen, was Kyrie eleison überhaupt auf Deutsch heißt?«

Es sind nicht nur Jugendliche, sondern auch viele Erwachsene, die Sonntag für Sonntag auf das »Kyrie eleison« hin »Herr, erbarme dich« antworten und nicht wissen, dass sie die deutsche Übersetzung eines griechischen Ausdrucks singen. Er konnte sich auch in einem deutschsprachigen Gottesdienst erhalten, weil das Kyrie allen Sprachumbrüchen zum Trotz bis heute als etwas fest Geprägtes angesehen wird. Es ist sehr wahrscheinlich, dass das griechische Kyrie überhaupt erst in den lateinischen Gottesdienst eingeführt wurde. Da war der Sprachumbruch des weströmischen Reiches vom Griechischen ins Lateinische schon längst vollzogen. Selbstverständlich gab es auch lateinische Übersetzungen »Domine, miserere« und später deutsche Übertragungen. Und wenn wir heute die griechische und deutsche Sprache, wie beim weit verbreiteten Straßburger Kyrie, im Evangelischen Gesangbuch Nr. 187.2, nebeneinander benutzen, wird das gar nicht als ungewöhnlich empfunden.

So merken wir bei ökumenischen Gottesdiensten sowohl mit Katholiken als auch mit Orthodoxen, dass selbst die evangelischen Kirchen mit ihrer manchmal recht unübersichtlichen Liturgiegeschichte ein altes Element aus der Urzeit des Christentums bis heute bewahrt haben. Beim griechischen Kyrie wird nicht nur das gemeinsame Herkommen aller Kirchen bewusst, sondern die ökumenische Verbundenheit der Kirchen tritt ebenfalls erfahrbar in den Vordergrund. Darüber hinaus wird sogar ein antikes Kulturerbe tradiert: Der Ruf »Kyrie eleison« ist nämlich keine christliche Erfindung, sondern wurde oftmals dort ausgerufen, wo der Sonnenkult oder Kaiserkult ausgeübt wurde. Der aufgehenden Sonne wurde ein »Helios, eleison« entgegengerufen; zog der römische Kaiser in eine Stadt ein, dann riefen die Menschen »Kyrie, eleison«.

Aber den Christen in der Frühzeit der Kirche ist der Ruf auch aus der jüdischen Überlieferung bekannt gewesen. Vor allem in den Psalmen in der griechischen Übersetzung der Septuaginta findet sich dieser Ruf, z. B. Ps 25,16 oder Ps 26,11. Und Jesus wurde ebenfalls als Kyrios, als Herr, angerufen, so z. B. von der kanaanäischen Frau Mt 15,22.

Das Kyrie finden wir in der christlichen Überlieferung nicht für den Beginn eines Hauptgottesdienstes, sondern für eine Vesper erwähnt. Dort soll das Kyrie jeweils auf die vom Diakon vorgetragenen Bitten hin gesungen worden sein. Also handelte es sich um eine Litanei. In unserem Evangelischen Gesangbuch von 1993 können wir eine von Martin Luther übertragene mittelalterliche Litanei unter Nr. 192 finden. Und das Evangelische Gottesdienstbuch von 1999 kennt ebenfalls litaneiartige Gebete: die Ektenie, eine besondere Gattung des Fürbittengebets. Dabei wird auf jede Bitte hin ein Kyrie gesprochen. Besonders nahe der Litaneiform kommt aber ein Gebet auf S. 571 f. Statt des Nacheinanders von Bitte und Kyrie können beide Elemente auch zugleich gebetet werden, dazu werden die Texte wie in einem mehrstimmigen Chor gesungen; so ist es im Gesangbuch unter Nr. 178.12 abgedruckt.

Im Gesangbuch stehen noch weitere kurze, wahrscheinlich recht unbekannte Litaneien: Die Nummern 783.9, 785.9, 786.13 werden im Zusammenhang der Tagzeitengebete jeweils nach dem Vaterunser (außer beim Mittagsgebet) gebetet.

Schauen wir wieder in den altkirchlichen Liturgien nach, dann finden wir durchweg solche fürbittartigen Litaneien mit Kyrie-Rufen. Es wird wohl Papst Gelasius I. (492–496) gewesen sein, der eine griechische Kyrie-Litanei an den Beginn der römischen Messe platziert hat, dorthin, wo wir noch heute im Eröffnungsteil des Gottesdienstes das Kyrie eleison anstimmen. Papst Gregor der Große (590–604) erwähnt, dass das zweite Kyrie in ein »Christe eleison« abgeändert worden ist, die griechisch sprechende Kirche kennt nur das Kyrie eleison. Das »Christe eleison« ist seither in der westlichen Kirche gebräuchlich geblieben.

Im Laufe der nun folgenden Jahrhunderte erlangte das drei- oder neunmalige Singen des Kyrie eine besondere Bedeutung, weil es die Zahl der Trinität symbolisiert. Auch weitere Aussagen, z. B. über die Trinität oder zum Festanlass, sogenannte Tropen, wurden zwischen den Kyriegesängen eingeschoben. Die gregorianische Melodie verlieh den Kyriegesängen einschließlich der Tropen ein kunstvolles Gepräge. Die weitere Ausgestaltung des Kyrie hatte zur Folge, dass der Gemeindegesang, der in der Alten Kirche ganz selbstverständlich war, immer mehr zurückging. Eine Schola und die Kleriker teilten sich den kunstvollen Wechselgesang des Kyrie, denn er konnte zu einem komplizierten Gebilde werden, insbesondere als die Polyphonie aufkam.

In unserem Gesangbuch finden wir ein gregorianisches Kyrie (178.1), dazu eine moderne Übertragung (178.5). In gewisser Weise ist auch die Tropierung des Kyrie für die Advents- und Osterzeit sowie für das Pfingstfest im Gesangbuch aufgenommen (178.10–12) worden. Eine reiche Auswahl an solchen Einschüben bietet auch das Evangelische Gottesdienstbuch S. 521–527. An den in das Kyrie eingeschobenen Texten ist gut zu erkennen, dass diese Tropen die Aufgabe haben, das Proprium, also den Leitgedanken des Sonntags, zu paraphrasieren. Wenn solch ein tropiertes Kyrie ausführlich gestaltet wird und dabei fast die Form eines Fürbittengebets annimmt – zur Erinnerung: dort ist das Kyrie ja historisch zuerst fassbar –, schlägt das Gottesdienstbuch sogar vor, auf das Fürbittengebet nach der Predigt zu verzichten (S. 520). Aber selbstverständlich kann auch beim Fürbittengebet nach der Predigt ein Kyriegesang die Bitten aufnehmen, wie es im Gottesdienstbuch z. B. S. 588–590 vorgeschlagen wird. Dazu eignen sich die Kyrierufe Nr. 178.9–11 und 14. Gelegentlich kann ein tropiertes Kyrie sogar einmal den Charakter eines Glaubensbekenntnisses annehmen, wie EG 178.4 belegt.

Die lutherischen Kirchen der Reformation haben den Gesang des Kyrie weitergeführt. Luther geht in seiner Schrift zum Gottesdienst »Formula Missae« von 1523 vom neunmaligen Kyrie aus, mit der »Deutschen Messe« 1526 empfiehlt er den dreimaligen Kyriegesang. Weil an dem Kyriegesang immer eine Schola beteiligt war, wurde in schlichten Gemeindegottesdiensten statt dessen ein deutsches Lied gesungen. Das heute in den meisten evangelischen Kirchen gebräuchliche dreifache Kyrie mit der anschließenden deutschen Übertragung ist 1524 in Straßburg vorgelegt worden (EG 178.2).

Von vielen großen Kirchenmusikern ist das Kyrie vertont worden, zählt es doch zum Ordinarium, also zu den feststehenden und immer wiederkehrenden Elementen im Gottesdienst. Das besonders herausragende und allseits bekannte Kyrie aus der h-moll-Messe von Johann Sebastian Bach bringt mit den immer wieder und wieder aufsteigenden Tonfolgen musikalisch zum Ausdruck, was das Kyrie bedeutet: Es trägt das notvolle Dasein des Menschen vor Gott, es ist ein Bittruf und zugleich ein Huldigungsruf: Wird doch die Not dem vorgetragen, von dem geglaubt wird, dass er der Einzige ist, der die Not in Freude und Erlösung wenden kann. In diesem Sinne folgt auf das Kyrie das Gloria. Das Kyrie in Bachs h-moll-Messe beginnt fast überlaut und stark, schon bald aber hält der Chor inne, wie erschrocken über sich selbst – leise setzen die Instrumente neu ein, nach und nach stimmt der Chor wieder ein und trägt immer wiederholend und dabei immer drängender werdend das Kyrie vor Gott.

Mit der preußischen Agende von 1895 wurde das unmittelbare Aufeinanderfolgen von Kyrie und Gloria aufgehoben: Vor dem Kyrie steht ein Sündenbekenntnis, auf den Kyriegesang hin ereignet sich eine Gnadenverkündigung – so die Agende –, nun setzt das Gloria ein. Die unierte Tradition hat dieses Verständnis von Kyrie und Gloria als Teil eines allgemeinen Schuldbekenntnisses mit anschließender Gnadenzusage bis heute beibehalten. In der lutherischen Tradition ist dagegen das Confiteor erhalten, das dem Gottesdienst vorausgehende allgemeine Schuldbekenntnis. Wir finden es im Gesangbuch (786.2). Das Evangelische Gottesdienstbuch hat darum beide Varianten aufgenommen und nebeneinander gestellt (EGb S. 64–70; Übersicht S. 62).

Zwar haben wir einen Überblick über die geschichtliche Entwicklung des Kyrie und über die ihm zugeschriebenen Bedeutungen gewonnen, aber damit ist die Frage der Konfirmanden, welches Kyrie denn nun das Passende für den kommenden Gottesdienst sei, noch ebenso wenig beantwortet wie durch den Hinweis: Das eine Kyrie singen wir doch immer.

Aber einfach irgendeines auswählen – Hauptsache, man bringt ein bisschen Abwechslung in den Gottesdienst –, ist genauso wenig sinnvoll. Es geht vielmehr darum, dem ganzen Gottesdienstverlauf ein sinnvolles Gepräge zu verleihen; dazu muss das ziemlich kleine Element des Kyrie genau wie alle anderen Elemente des Gottesdienstes seinen Beitrag leisten.

Und ein »sinnvolles Gepräge« soll hier heißen: Die einzelnen Elemente werden während der Gottesdienstfeier nicht nacheinander abgehakt, sondern bilden miteinander ein Ganzes. Der Gottesdienst ist wie ein Leib – sogar ein schöner Leib! –, an dem alle Gliedmaßen und Proportionen stimmig sind. Wenn man also in das Gefüge des Gottesdienstes eingreift, ist Umsicht angesagt: Es kann sich daraus ein heilloses Durcheinander ergeben, aber es kann sich auch die Chance bieten, dem eingefahrenen und fast leblosen Gottesdienst durch Varianten neue Seiten abzugewinnen. Vielleicht wird Verschüttetes wieder lebendig, manchmal werden sogar stille Hoffnungen von treuen Gemeindegliedern nach bewussten und tiefen Gottesdiensterfahrungen erfüllt.

Wenn nicht alles auf einmal anders gemacht wird, sondern der eintönige Gottesdienst nach und nach mit neuen Elementen, auch Stilelementen, versehen wird, kann eine Gemeinde ihr »liturgisches Repertoire« erheblich erweitern. So wird sie fähig, Sonntag für Sonntag dem Gottesdienst ein dem Proprium, dem Leitgedanken des Sonntages, angemessenes Gepräge zu geben. Dann gleicht kein Sonntagsgottesdienst mehr dem anderen. Aber nicht, weil ständig Neues ausprobiert würde, sondern weil die Gemeinde die liturgischen Elemente und auch das Kyrie verschieden zu gebrauchen weiß. Der besondere Sinn des Kyrie erschließt sich dann aus dem Zusammenhang des Gottesdienstes. In einer Festzeit kann ein festliches Kyrie angestimmt werden, dagegen eignet sich in der Passionszeit eher ein auch in der Melodiewahl zurückhaltendes, z. B. EG Nr. 178.3.

Dabei ist es nicht unbedeutend, wer den Kyriegesang übernimmt bzw. wer ihn mit Absicht nicht übernimmt: Wenn die

Konfirmanden mit dem Pfarrer abwechselnd das Kyrie singen – wie oben vorgeschlagen –, bleibt der Gemeinde nur das Zuhören übrig. Doch das Kyrie ist ebenso wie die anderen Ordinariengesänge (Gloria, Credo, Sanctus, Agnus Dei) seit der Frühzeit der Kirche der Gesang der Gemeinde: Weil es noch keine Gesangbücher gab, konnte nur Bekanntes, und was man auswendig gelernt hatte, gesungen werden. Dadurch sind die Ordinariengesänge ursprüngliche Gemeindegesänge. Und unserer evangelischen Tradition steht es gut an, sie auch als Gemeindegesänge beizubehalten. Das Kyrie wird zwar formal als ein Wechselgesang zwischen Pfarrer und Gemeinde ausgeführt, ist aber inhaltlich gesehen ein gemeinsamer Gesang vor Gott, wenn auch mit verschiedenen Rollen.

Eigentlich ist der Geistliche für den Kyrie-Gesang nicht einmal nötig. Eine Erinnerung daran steht im Gesangbuch beim Straßburger Kyrie (178.2): Das griechische Kyrie soll der Chor singen, die deutsche Übertragung die Gemeinde. Der Chor wird dabei nicht als Veranstalter oder Konzertchor aufgefasst, sondern als ein Teil der Gemeinde. So wird ermöglicht, dass das Kyrie antiphonal, also wechselseitig in Dialogform gesungen werden kann. Dieses wechselseitige Singen wird mangels eines Chores oftmals auf Pfarrer und Gemeinde übertragen, doch in unserem Beispiel könnten die Konfirmanden den Part des Chores übernehmen.

Aber wo sollen sich die Konfirmanden aufstellen? Wenn sie vor dem Altar stehen, ihm den Rücken zukehren und die Gemeinde ansehen, entsteht doch schnell der Eindruck, sie veranstalteten jetzt eine konzertante Einlage. Stellen sie sich aber seitlich zwischen Altar und erster Kirchenbank auf und wenden sich leicht zum Altar hin, entsteht viel eher der Eindruck, dass alle gemeinsam das Kyrie zu Gott hin, also in Richtung auf den Altar mit seinem Kruzifix, rufen. Dabei müssen die Konfirmanden nicht die Gemeinde ansehen und verdecken auch den Altar nicht vor den Blicken der Gemeinde.

Nicht zuletzt spielen auch Stilfragen eine Rolle, soll es doch um ein sinnvolles Gepräge des Gottesdienstes gehen. Manche wollen es allen recht machen: Da erklingen in einem Gottesdienst neben gregorianischen Melodien auch Choräle mit ausgesprochen romantischem Zug, da werden Taizégesänge mit flotten Gitarrensongs zusammengestellt, wonach die Orgel ein Präludium von Bach spielt. Aber der Stil des Kyrie – das Gesangbuch bietet nicht nur verschiedene Kyrie, sondern auch verschiedene musikalische Stile an – vermittelt doch schon recht deutlich die Stilrichtung des gesamten Gottesdienstes, weil es so weit vorn im Gottesdienstverlauf platziert ist. Natürlich passen verschiedene Stile zueinander, aber manches steht auch gegeneinander.

Nun stellt sich den Konfirmanden die Frage nach dem passenden Kyrie völlig anders. Das Kyrie für sich allein kann gar nicht gefunden werden, es muss zumindest in den Zusammenhang des Eröffnungsteils passen. Das Orgelvorspiel, die Begrüßung, das erste Lied, dann Kyrie und Gloria und das folgende Tagesgebet müssen irgendwie passend zueinander gewählt werden: Die Tropen des Kyrie sollten den Gebetsaussagen des Tagesgebets nicht entgegenstehen.

Auf die Melodie des Kyrie muss auch noch ein passendes Gloria folgen können; der Organist will etwas von Buxtehude spielen, doch er lässt sich überzeugen, dass Buxtehude schlecht zum Kyrie 178.14 passt. Er wählt stattdessen ein Element von einem modernen Komponisten mit entsprechendem Rhythmus aus. So vorbereitet, wird der Eingangsteil nicht mehr als ein »Abhaken« verschiedener, meist unverbunden aneinander gereihter Elemente erlebt, sondern als ein Ganzes. Das erschließt sich auch der Gemeinde, die den Gottesdienst nicht mit vorbereitet hat und all die geschichtlichen Entwicklungen und ihre Bedeutungen nicht kennt.

So erfährt sie durch den sinnvollen Zusammenhang der einzelnen Teile die Kraft und die Bedeutung dieses gottesdienstlichen Elements: Das eigene Dasein wird vor Gott getragen – so wie es ist, mit aller Not und aller Freude – getragen im Glauben, dass er es erlöst und vollendet.

Testen Sie sich selbst

⊙ Singen Sie die unterschiedlichen Kyrie-Gesänge in EG 178.

⊙ Suchen Sie für unterschiedliche Gottesdienstformen je einen passenden Kyrie-Gesang aus.

⊙ Gottesdienstbesucherin NN sagt am Ausgang zum Pfarrer: »Das war eine runde Sache!« Erläutern Sie, was sie meinen könnte.

Die Freude über die Erlösung und die Hoffnung auf die Vollendung werden im Gloria laut, und indem sie mit Wort und Musik ausgedrückt werden, wird zugleich ein lobendes Bekenntnis gesprochen – so wie das Kyrie hat auch das Gloria eine ebenso reiche wie manchmal zugleich verwickelte Bedeutungsfülle, wie das nächste Kapitel zeigt.

8 Gloria in excelsis – Gloria und Glorien

Ein wesentlicher Grundzug des Gottesdienstes ist der Lobpreis Gottes – die Doxologie. Sie kommt in mehreren kleinen wie großen Rubriken während des gesamten Gottesdienstes vor – denn während des Gottesdienstes bricht sich das Lob Gottes immer Bahn –, ist doch die Anbetung Gottes ein Grundzug des Gottesdienstes. Daran, wie diese Rubriken behandelt werden, lässt sich schnell ablesen, wie es um das Gottesdienstverständnis einer Gemeinde oder des Liturgen bzw. der Liturgin bestellt ist. Bevor dieser Aspekt aber bedacht wird, sollen zunächst Doxologien bedacht werden, die in der Feier des Gottesdienstes verwendet werden.

Eine Doxologie ist z. B. das Gloria Patri – Ehre sei dem Vater und dem Sohn … –, gemeinhin als das *kleine Gloria* bezeichnet, das nach der Rezitation eines Psalms gesprochen oder gesungen werden kann. Andernorts wird es auch dem Eingangslied angehängt. Das *große Gloria* folgt auf das Kyrie eleison; meistens wird es aber gar nicht mehr als ein großer Gesang wahrgenommen, weil nur der Beginn der Doxologie gesungen und allenfalls eine Gloriastrophe – z. B. Allein Gott in der Höh' sei Ehr – angehängt wird.

Die unverkürzte Form des Gloria in excelsis kann zu einem ersten und großen Lobgesang zu Beginn des Gottesdienstes werden, wenn z. B. ein Chor das traditionelle Gloria nach dem Evangelischen Gesangbuch Nr. 180.1 im Wechsel mit der Gemeinde singt; im Wechsel zwischen Liturg und Gemeinde kann ein moderneres Gloria unter der Nr. 180.3 gesungen werden.

Das Kollektengebet bzw. Tagesgebet, das den Eröffnungsteil des Gottesdienstes beschließt, wird in seiner traditionellen Form mit einer doxologischen Wendung beendet: »… durch

Jesus Christus, unseren Herrn, der mit dir und dem Heiligen Geist lebt und regiert von Ewigkeit zu Ewigkeit.«

Auch die darauf folgenden Schriftlesungen können mit Lobrufen umgeben werden. Das Evangelische Gottesdienstbuch von 1999 sieht verschiedene Lobrufe vor: Ist die Lesung aus dem Alten Testament oder der Epistel beendet, spricht oder singt der Kantor bzw. Lektor:»Worte der Heiligen Schrift«, woraufhin die Gemeinde eine kleine Doxologie ausruft:»Gott sei Lob und Dank.«

Das Halleluja ist ebenfalls ein lobpreisender Gesang. Er kann noch durch einen Hallelujavers gesteigert werden, der den Psalmen entnommen ist und das Lob weiterführt, so dass die Gemeinde ein weiteres Halleluja singt; während der österlichen Freudenzeit wird sogar noch der Ruf »Der Herr ist auferstanden, er ist wahrhaftig auferstanden« angefügt und die Gemeinde stimmt zum dritten Mal das Halleluja an.

Beim Evangelium wird die doxologische Rahmung der Lesung noch deutlicher, weil die Gemeinde schon auf die Ankündigung der Lesung hin eine kleine Doxologie singt oder spricht:»Ehre sei dir, Herr.« Und nach der Lesung ruft die Gemeinde aus:»Lob sei dir, Christus.« Damit wird deutlich: Aus der Verlesung der Heiligen Schrift hört die Gemeinde Gott bzw. Christus zu sich sprechen und sie antwortet auf die Anrede Gottes mit einem Lobpreis. Es zeigt sich nun unübersehbar: Die Doxologie ist ein wesentliches Element der Kommunikation zwischen der Gemeinde und Gott.

In gewisser Weise ist auch das Glaubensbekenntnis ein Lobpreis Gottes, da sich hiermit Menschen zu einem Gott bekennen, den sie als Schöpfer, Erlöser und Vollender der Welt und ihres eigenen Lebens anerkennen und damit verehren.

Das Eucharistiegebet ist im Wesentlichen eine Doxologie, da es ein einzigartiges Lobgebet ist. Das ist selbst dort zu bemerken, wo nur ein Teil, die Präfation mit Sanctus, vom reichen Abendmahlsgebet übrig geblieben ist. Das Eucharistiegebet wendet sich lobend an den Vater und bringt mit den Gebetsaussagen inhaltlich in Erinnerung, dass Gott der Vater für seine gefallene Schöpfung seinen Sohn hat Mensch werden lassen, der den Tod am Kreuz erlitten und mit seiner Auferstehung den Tod überwunden hat, und dass der Vater nun in der Kraft des Heiligen Geistes in, mit und unter Brot und Wein Christus in seiner Kirche gegenwärtig sein lässt.

Die Gemeinde stimmt während des Eucharistiegebets in dieses Lob mit ein, wenn sie das Sanctus singt – wiederum einen einzigartigen Lobgesang: »Heilig, heilig, heilig ist Gott, der Herr Zebaoth, alle Lande sind seiner Ehre voll. Hosianna in der Höhe. Gelobet sei, der da kommt im Namen des Herren. Hosianna in der Höhe.« Und auf die Einsetzungsworte hin kann die Gemeinde sprechen oder singen: »Deinen Tod, o Herr, verkünden wir und deine Auferstehung preisen wir, bis du kommst in Herrlichkeit.«

Wenn dann das Eucharistiegebet beendet wird, wird der Lobpreis oftmals trinitarisch zum Ausdruck und gleichsam das Lobgebet auf den Punkt gebracht, wie z. B. bei der Lima-Liturgie: »Durch Christus, mit ihm und in ihm gebührt dir, Gott, allmächtiger Vater, in der Einheit des Heiligen Geistes alle Herrlichkeit und Ehre, jetzt und in Ewigkeit.« Auch das Vaterunser endet mit einer Doxologie: »Denn dein ist das Reich und die Kraft und die Herrlichkeit in Ewigkeit.«

Schließlich kann kurz vor dem Schluss des Gottesdienstes – vor dem Segen – noch einmal ein kleiner Lobruf stehen, das Benedicamus, wie es in alten Agenden verzeichnet ist: »Lasset uns benedeien dem Herrn.« Damit ist das Loben (benedeien) intendiert, das auch im Gottesdienst des Alltags die Grundmelodie des Christseins sein soll und mit dem Segen am Schluss des Gottesdienstes mitgegeben wird. Selbst wenn heute eher der Entlassungsruf – Gehet hin im Frieden des Herrn – üblich geworden ist, so ist doch auf beide Rufe die Antwort der Gemeinde gleich geblieben, nämlich eine doxologische Antwort: »Gott sei ewiglich Dank«, oder in neueren Agenden: »Gott sei Lob und Dank.«

In all den genannten doxologischen Formeln wird immer wieder die Herrlichkeit (doxa) Gottes hervorgehoben; sie ist es, die die Menschen ins Loben ausbrechen lässt. Das gilt selbstverständlich schon für die neutestamentliche Gemeinde, die in der Gestaltgebung der doxologischen Formeln auf jüdisches Gut zurückgegriffen hat. Mit doxologischen Formeln wurden – und werden bis heute – Gebete, Predigten oder gar Briefe beschlossen; dabei zeigt sich eine dreigliedrige Struktur: Meist im Dativ wird der Empfänger des Lobes genannt, es folgt ein Prädikat (meist die doxa/Ehre), dann folgt die Ewigkeitsformel. Es kann auch ein christologischer Bezug in die Wortfolge der Doxologie aufgenommen werden, wie z. B. am Ende des Römerbriefes 16,27: »dem Gott, der allein weise ist, sei Ehre durch Jesus Christus. Amen.« Später entstehen auch christologische Doxologien, wie z. B. 2 Petr 3,18: »Wachet aber in der Gnade und Erkenntnis unseres Herr und Heilands Jesus Christus. Ihm sei Ehre jetzt und für ewige Zeiten! Amen.«

Die eigentliche Doxa kann aber auch erheblich erweitert werden: » … und sprachen: Amen, Lob und Ehre und Weisheit und Dank und Preis und Kraft und Stärke sei unserm Gott von Ewigkeit zu Ewigkeit. Amen« (Offb 7,12).

Altkirchliche Doxologien sind in der Regel trinitarisch aufgebaut: Es wird der Vater durch den Sohn im Heiligen Geist gepriesen. Dabei sind die Doxologienformeln recht variabel, sie lassen sich in ihrem Aufbau an den vorherigen Text anschließen, wie es bis heute üblich ist zum Abschluss des Kollektengebets bzw. Tagesgebets. Während des arianischen Streits konnte diese Formel von den Arianern so interpretiert werden, dass der Sohn dem Vater nicht ebenbürtig sei. Daher haben sich antiarianische Formulierungen gebildet, die alle trinitarischen Personen auf eine Stufe stellte. Solch eine Formel war den Arianern unannehmbar; sie ist uns erhalten geblieben im kleinen Goria, dem Gloria Patri: »Ehre sei dem Vater und dem Sohn und dem Heiligen Geist …«

Das Lob Gottes, die doxa, verdichtet bis hin zu doxologischen Formeln, ist – bzw. kann – die Form sein, durch die

die liturgisch reich gestaltete Feier des Gottesdienstes zum
Abglanz der Herrlichkeit Gottes wird. Sie ist sozusagen die
Grundmelodie des Gottesdienstes.

Es ist also kein Wunder, dass die im Gottesdienst zu singenden
Lieder diese Doxologie überaus vielseitig anstimmen – nicht
nur jene, die in dem Gesangbuchteil unter »Loben und Danken« zusammengestellt sind – und oftmals mit einer konzen-
trierten Doxologie enden, die die Singenden in den Himmel, in
Gottes Herrlichkeit versetzt.

EG 325 (Sollt ich meinem Gott nicht singen?) Strophe 10:
»… zu umfangen Tag und Nacht hier in meinem ganzen Leben, bis ich dich nach dieser Zeit lob und lieb in Ewigkeit.«; EG
327 (Wunderbarer König, Herrscher von uns allen) Strophe 4:
»… endlich wirst du droben ohne Sünd ihn loben.«; EG 330
(O dass ich tausend Zungen hätte) Strophe 7: »Ach nimm das
arme Lob auf Erden, mein Gott, in allen Gnaden hin. Im Himmel soll es besser werden, wenn ich bei deinen Engeln bin. Da
sing ich dir im höhern Chor viel tausend Halleluja vor.«; oder
zu Ostern EG 107 (Wir danken dir, Herr Jesu Christ) Strophe 3 als trinitarische Doxologie: »Gott Vater in dem höchsten
Thron samt seinem eingebornen Sohn, dem Heiligen Geist in
gleicher Weis in Ewigkeit sei Lob und Preis! Halleluja.«

Während der Bußzeiten – Advent, Passionszeit, Bußtage –
wird das Lob nicht angestimmt, denn der Mensch wird sich
seiner Sündhaftigkeit bewusst, die ihn vor Gott verstum-
men lässt. Erschrocken über seine Schuld hält er inne.

Erst wenn er wieder gewiss ist, dass Gott ihm seine Sünde ver-
geben hat und er befreit ist von dieser niederdrückenden Last –
weil Jesus Christus, der Retter, geboren ist (Weihnachten),
weil Christus auferstanden ist (Ostern) oder weil der sündige
Mensch nach der Beichte die Absolution empfangen hat (Bußtage) – bricht das Lob Gottes wieder aus ihm heraus als dank-
bare Antwort auf das gnädige Handeln Gottes.

Wenn auch außerhalb der Bußzeiten die Doxologien in der Gottesdienstfeier unterlassen werden, wird der Gottesdienst leicht zu einer pastoralen Belehrungsstunde. Das Moment der Feier gerät in den Hintergrund und damit auch die Möglichkeit, das Lob Gottes anzustimmen. Denn eine Belehrung nimmt man gemeinhin schweigend entgegen. Wenn es aber Grund des Gottesdienstes ist, die Gegenwart Gottes in Wort und Sakrament zu feiern, dann ist die Doxologie ein wesentliches Element dieser gottesdienstlichen Kommunikation – das Anstimmen des Lobes, das Ausdrücken der Verherrlichung des gegenwärtigen Christus.

 Testen Sie sich selbst

⊕ Nennen Sie mindestens sieben Lobrufe, die in einem Gottesdienst vorkommen können.
⊕ Geben Sie theologische Gründe an, warum das Lob zu den grundlegenden Äußerungen des Glaubens gehört.
⊕ Machen Sie sich eine Liste der Sonntage der Passionszeit und notieren Sie, welche liturgischen Elemente jeweils ersetzt werden oder wegfallen.

Nachdem die Herzen und Sinne nun auf Gott hin ausgerichtet sind und der Raum darüber groß und weit geworden ist, werden all diese Stränge in einem kurzen Gebet gebündelt, wie das folgende Kapitel zeigen wird.

9 Kollektengebet – Tagesgebet – Eingangsgebet

Schaut man in Agenden oder Messbücher, holt man sich Rat in Literatur zur Gottesdienstvorbereitung, in Gottesdienstvorschlägen oder in frei ausgearbeiteten Gottesdienstverläufen, so findet man für das Gebet, das im ersten Teil des Gottesdienstes gebetet wird, recht unterschiedliche Bezeichnungen. Das muss nicht daran liegen, dass die Autoren mit den Bezeichnungen und den damit benannten Gebetsformen etwa nicht zurechtkämen, sondern es könnte auch sein, dass verschiedene Gebetsgattungen intendiert sind.

Und womöglich gehören die verschiedenen Gebetsgattungen auch zu unterschiedlichen Gottesdiensttypen. Denn eines ist festzuhalten: Ein Gebet besteht nicht allein aus seinen Worten, sondern auch aus seiner Form. Und durch seine Platzierung im Gottesdienstverlauf erlangt es eine weitere Bedeutungsebene: Nicht allein die Worte teilen einen Inhalt mit, sondern auch die Form sagt etwas aus. Auch die Form ist wirksam. Oder: Dadurch, dass die Worte in eine Form gebracht werden, wird zugleich schon die Form eines Gebets gestaltet. Worte und Form sind im gottesdienstlichen Vollzug nicht mehr zu unterscheiden, ja, sie sollen nicht einmal unterschieden werden, sondern wirken durch ihre wahrnehmbare Gestalt. Auf der Ebene der Reflexion sind Worte bzw. Inhalt und Form dagegen durchaus zu unterscheiden. Es ist für die Vorbereitung auf den Gottesdienst unerlässlich, die Gebetsformen unterscheiden und in ihrer Funktion erkennen zu können.

Das Kollektengebet ist wohl die ältere Form der Gebete, die im ersten Teil des Gottesdienstes zu finden sind. Es schließt den Eröffnungsteil des Gottesdienstes nach Kyrie und Gloria ab und hat seine klassische Form in der Messe – jenem Gottesdiensttyp, der den Wort- und Abendmahlsteil beinhaltet – gefunden. Wie das Wort colligere sagt, werden hier Inhalte eingesammelt, zusammengetragen, zusammengefasst. Diese Inhalte klangen in dem voraufgehenden Teil des Gottesdienstes an und werden nun vom Liturgen eingesammelt bzw. zusammengetragen und zusammenfassend in eine Form gebracht. Dank ihrer zusammenfassenden Wirkung und präzisen Knappheit ist dieser Gebetsform geeignet, um in einem Gedankengang den Eröffnungsteil des Gottesdienstes abzuschließen.

Der Messtyp des Gottesdienstes kennt den voraufgehenden Introituspsalm, das Kyrie und das Gloria – und nicht zu vergessen die Gebetsstille vor dem Kollektengebet, die aber meiner Erfahrung nach fast nirgendwo mehr praktiziert wird. Auch das Kyrie kann tropiert, d. h. durch Texteinschübe, erheblich mehr an Inhalt zum Ausdruck bringen als das heute gebräuchliche »Herr, erbarme dich«, indem der Chor oder auch die Gemeinde durch weitere Gebetsaussagen den Inhalt erweitert. In unserem Evangelischen Gesangbuch findet sich solche Kyrie unter den Nummern 178.6 bis 178.8: Der Vorsänger singt z. B. an Ostern: »Der am Kreuze starb und uns Heil erwarb«, woraufhin die Gemeinde das Kyrie eleison anstimmt, danach singt der Vorsänger »Sieger im Todesstreit, König der Herrlichkeit«, und die Gemeinde schließt das Christe eleison an usw. Eine andere Möglichkeit findet sich unter der Nummer 178.4; dort singt der Chor zuerst Kyrie, dann: »Gott Vater in Ewigkeit, groß ist dein Barmherzigkeit, aller Ding ein Schöpfer und Regierer:« daraufhin singen alle eleison usw.

Auch das Gloria bietet eine ganze Reihe von Inhalten, etwa indem nicht nur der erste Satz des Gloria angestimmt wird, sondern auch die Fortführung gesungen (EG 180.1) oder durch eine Liedstrophe ersetzt wird. Auch hier werden je nach Sonntagsproprium Inhalte benannt, die in dem Kollektengebet zusammengetragen werden können, einmal ganz abgesehen von dem Stillen Gebet, das nach der Aufforderung des Liturgen vor dem Kollektengebet »Lasst uns beten« zunächst erfolgt. Hier hat jeder Gottesdienstteilnehmende die Möglichkeit, seine eigenen Gedanken vor Gott zu bringen, bevor der Liturg das Kollektengebet wie folgt gestaltet:

- Zuerst spricht er die *Gottesanrede* (Anaklese) mit Apposition oder Relativsatz (hier kann das Sonntagsproprium in der Gottesanrede als relativische Prädikation verwendet werden),
- es folgt eine kurze *Gewährungsbitte* (Supplikation),
- das Gebet wird mit dem *trinitarischen Schluss* (Konklusion) und mit
- dem *Amen* (Akklamation) der Gemeinde beendet.

Als Beispiel sei hier das Kollektengebet für den Sonntag Rogate des Evangelischen Gottesdienstbuches (S. 355) wiedergegeben:

Heiliger Gott (Anaklese),
von dir kommt alles Gute und Vollkommene (Prädikation).
Deshalb bitten wir: Erleuchte uns zu erkennen, was recht ist,
und leite uns, es auch zu tun (Supplikation).
Durch unsern Herrn Jesus Christus, deinen Sohn,
der mit dir und dem Heiligen Geist lebt
und wirkt von Ewigkeit zu Ewigkeit (Konklusion).
Amen (Akklamation).

Die Bezeichnung »Kollekte« ist wohl nicht mehr als passend empfunden worden. Das römisch-katholische Messbuch in deutscher Übersetzung von 1975 hat es durch den deutschen Begriff »Tagesgebet« ersetzt. Die neueren evangelischen Agenden sind ihm in dieser Bezeichnung gefolgt.

Ein weiteres Kollektengebet ist die Postcommunio, das Dankgebet zum Abschluss der Abendmahlsfeier. Sie hat die gleiche zusammenfassende und abschließende Funktion für die Abendmahlsfeier wie das »erste« Kollektengebet für den Eröffnungsteil des Gottesdienstes.

Wenn man sich noch einmal die mittelalterliche Messeröffnung vor Augen führt, ergibt dieses erste Kollektengebet *als Abschluss der Eröffnung* einen Sinn: Der Klerus zieht in die Kirche ein, während der Chor den Introituspsalm singt. Ist der

Klerus am Altar angekommen, werden Kyrie und Gloria gesungen, der Liturg grüßt die Gemeinde (Salutatio) und spricht das Kollektengebet als Abschluss der Eröffnung. Daraufhin setzen sich alle auf ihre Plätze und die erste Schriftlesung, die Epistel, beginnt.

Es ist liegt wohl an der Nähe des Kollektengebets zur Epistellesung und wohl auch daran, dass die Gottesdiensteröffnung nicht mehr mit einem Einzug durch den Klerus verbunden ist, dass das Kollektengebet in seiner zusammenfassenden und abschließenden Funktion nicht mehr so deutlich zu erkennen war. Durch die Neufassung dieser Gebete ist in so mancher Agende daraus ein Gebet geworden, das auf die Schriftlesung vorbereitet. So ist aus dem abschließenden Gebet ein *überleitendes Gebet* geworden. Solche vorbereitenden und überleitenden Gebete können sich aber auch an vielen anderen Orten, wie z. B. vor der Predigt oder vor dem Kommunionempfang, in den unterschiedlichen Gottesdienstformen finden.

Das *Eingangsgebet* dagegen steht fast zu Beginn Gottesdienstes. Es führt in den Gottesdienst hinein, »holt« die Gemeinde ab und »stimmt« sie auf das Kommende ein. Eine entsprechende Länge des Eingangsgebets ist dazu notwendig, so kurz und knapp wie das Kollektengebet wird das Eingangsgebet also nicht sein können. Auch orientiert es sich nicht an dessen strengem Schema. Das Eingangsgebet findet man meist in Predigtgottesdiensten, z. B. im württembergischen Predigtgottesdienst, der keine Liturgie im engeren Sinne kennt.

In der neuen Agende von 2004 (Gottesdienstbuch für die Evangelische Landeskirche in Württemberg, Erster Teil) folgen nach der Musik zum Eingang ein Lied, das trinitarische Votum, ein Psalm und nun das Eingangsgebet. In der Vorgängeragende von 1988 (Kirchenbuch für die Evangelische Landeskirche in Württemberg, Erster Teil) war der Psalm noch als fakultativ vermerkt, sodass auf das trinitarische Votum hin sofort das Eingangsgebet gesprochen wurde. Nach einem Stillen Gebet folgte die erste Schriftlesung. Als Beispiel soll das Eingangsgebet dienen, das im württembergischen Gottesdienstbuch von 2004 als Beispiel für den Predigtgottesdienstverlauf abgedruckt worden ist:

– »Herr, unser Gott, wir danken für diesen Tag und sehen ihn als Zeichen deiner Güte. Wir danken dir für die Gemeinschaft in diesem Gottesdienst. Wir bitten dich: Bring unsere Gedanken zur Ruhe, damit wir vernehmen, was du zu uns sprichst. Bring unser Herz zur Ruhe, damit nicht unsere Sorgen, unsere Wünsche und Ängste den Raum füllen, in dem du uns begegnen willst. Lass uns miteinander erfahren, wie unser Leben sich öffnet, wenn es sich dir zuwendet im Hören, Beten und Singen.« (55)

Diese Ordnung geht auf den mittelalterlichen Predigtgottesdienst, den Pronaus, zurück. In der Regel wird die Form des Eingangsgebetes auch bei Andachten verwendet, wo sie ebenfalls nach der Begrüßung und gegebenenfalls nach einem Psalm gebetet werden, wie es z. B. im Evangelischen Gesangbuch für die Passionsandachten vorgesehen ist (Nr. 792).

Für diesen Gottesdiensttyp ergibt dieses Gebet in seiner Funktion ebenfalls einen Sinn: Es wird kein Klerus in den Predigtgottesdienst einziehen, insbesondere bei einer Andacht nicht, die im Gemeindehaus oder zu Hause gefeiert wird, sondern die Gemeinde kommt zusammen und beginnt die Feier ohne eine besondere Hervorhebung des Pfarrers oder des Predigenden.

Das bedeutet, dass die beiden Gebetsformen – Kollektengebet und Eingangsgebet – auch zu zwei verschiedenen Gottesdiensttypen gehören und in ihnen jeweils unterschiedliche Funktionen wahrnehmen. Will das Eingangsgebet mit seiner Form und mit seinem Inhalt in den Gottesdienst hineinführen, die Feiernden in den Gottesdienstverlauf hineinnehmen und auf das Kommende zurüsten, so will das Kollektengebet etwas ganz anderes: Es schließt die Eröffnung des Gottesdienstes ab und hat eine zusammenfassende, aber keine überleitende oder mitnehmende Struktur.

Die Messe setzt vor den Wort- und Sakramentsteil einen eigenen Eröffnungsteil; dieser kurze Teil ist den beiden nachfolgenden langen Teilen nicht nur vor-, sondern auch untergeordnet. Die Eröffnung initiiert den Wort- und Sakramentsteil.

Beim Predigtgottesdienst findet sich solch eine Vor- und Unterordnung nicht: Der ganze Gottesdienst will nichts anderes sein als ein Hören auf das Wort Gottes. Dem dient das Eingangsgebet, das den Beter als Hörer zurüstet, ihn mitnimmt und an das Hören heranführt.

 Testen Sie sich selbst

⊙ Skizzieren Sie den Aufbau eines klassischen Kollektengebets. Suchen Sie im Evangelischen Gottesdienstbuch nach Kollektengebeten, die von diesem Aufbau abweichen.
⊙ Unterscheiden Sie die Funktion von Kollekten- und Eingangsgebet.

Ist nun Gott angerufen, angebetet, gelobt und verehrt worden, so soll anschließend mit den Schriftlesungen er selbst zu Wort kommen – oder sprechen da noch andere Stimmen mit? Das nächste Kapitel wird das zu klären versuchen.

10 Schriftlesungen – wer sagt hier eigentlich was?

Es wird vermutlich kaum einen christlichen Gottesdienst geben, in dem nicht aus der Heiligen Schrift vorgelesen wird. Wahrscheinlich hat der frühchristliche Gottesdienst überhaupt mit den Schriftlesungen begonnen, weil die gottesdienstliche Versammlung eher selten so pünktlich beginnen konnte, wie wir es uns heute dank der Uhr ermöglicht haben. Das Eintreffen der Gemeindemitglieder zog sich wohl über einen gewissen Zeitraum hin, während dieser Zeit wurden Schriftlesungen vorgetragen. Wenn derjenige, der den Gottesdienst leitete, meinte, die Gemeinde sei versammelt, wurden die Lesungen beendet und er hielt die Predigt.

Oder es könnte auch so gewesen sein, dass der Gottesdienst mit einem Gebet eröffnet wurde, dann folgten Schriftlesungen. Die heutige Eröffnung des Gottesdienstes durch Psalm, Kyrie, Gloria und Kollektengebet ist erst einige Jahrhunderte später in Gebrauch gekommen.

In den Anfängen des Christentums wurden alttestamentliche Lesungen gehalten (wie es die ersten Christen aus dem synagogalen Gottesdienst gewohnt waren), es wurde in freier Rede vom Wirken Jesu Christi berichtet und später dann auch aus den Briefen (vgl. Kol 4,16) vorgelesen. Wahrscheinlich wurde aus vorneutestamentlichen Schriften, den Passions- und Auferstehungsberichten, gelesen, später dann auch aus den Evangelien und der Apostelgeschichte. Es ist zudem aus den Berichten über Märtyrer vorgelesen worden. In Kirchenordnungen der Alten Kirche finden wir, dass sich die Vorleser während der Schriftlesungen sogar abwechseln sollten. Woanders ist zu lesen, dass während des Eintreffens der Gemeinde Psalmen gelesen werden sollen, danach neutestamentliche Texte.

Es hat sich im Laufe der Jahrhunderte eine Reihenfolge der Lesungen ausgebildet: Zuerst wurde

- eine Lesung *aus dem Alten Testament* – manchmal unterteilt in eine Lesung aus dem Gesetz und eine Lesung aus den Propheten – vorgetragen, dann
- eine *aus den Episteln* und schließlich
- eine Lesung *aus den Evangelien.*

Diese Reihenfolge hat eine theologische Deutung erhalten: Was die Propheten verheißen haben, lehren die Apostel als erfüllt. Daraufhin wurde das Evangelium gelesen mit der Deutung, dass nun Christus selbst zu Wort kommt.

Für diese letzte Lesung sind besondere Begleitriten entstanden, die teilweise bis heute in Gebrauch sind. Blieb die Gemeinde zu den bisherigen Lesungen sitzen, steht sie nun zur Evangelienlesung auf, da sie Christus in einer besonderen Ehrerbietung gegenübertritt. Auch kann eine Evangelienprozession gehalten werden, indem das Evangeliar entweder vom Altar zum Ambo oder auch vom Ambo in die Mitte der Gemeinde getragen wird als Zeichen für den zur Gemeinde kommenden Christus.

Nachdem die Lesung des Evangeliums angekündigt worden ist – also, dass nun Christus spricht –, reagiert die Gemeinde auf diese Ankündigung – und damit gleichsam auf Christus selbst – mit dem Ruf: »Ehre sei dir, Herr!« Nachdem die Lesung vorgetragen worden ist – und Christus zur Gemeinde gesprochen hat –, antwortet die Gemeinde mit dem Ruf: »Lob sei dir, Christus!«

Alle Lesungen – die des Evangeliums, aber auch die des Alten Testaments und der Episteln – können gesungen werden, es stehen für die einzelnen Lesungen verschiedene Töne in gregorianischer Singweise zur Verfügung. Sind die Tonführungen für das Alte Testament noch einfach, ist die Melodieführung für das Evangelium besonders feierlich. Orthodoxe Kirchen, die römisch-katholische Kirche, die anglikanische und die altkatholische Kirche, aber auch manche lutherische Kirchen verwenden zur Erhöhung der Feierlichkeit zudem Weihrauch. Der aufsteigende Rauch symbolisiert das zu Gott aufsteigende Lob seiner Kirche. Denn die Schriftlesung kann im Gesamt der Liturgie als liturgische Schriftlesung in der Weise gedeutet werden, dass der Gemeinde aus der Heiligen Schrift auch zum Lobe Gottes vorgelesen wird.

Der Dreischritt der biblischen Lesungen ist im Westen, in der lateinisch sprechenden Kirche, nicht tradiert worden. Den Lesungen des Alten Testaments wurden negative Bedeutungen gegeben, um sich vom Judentum abzugrenzen, und das wohl auch in antijüdischer Absicht. Übrig blieben die Epistel- und Evangelienlesung, wie es die Würzburger Epistelliste aus dem 7. Jahrhundert bezeugt. Alkuin, der Hoftheologe Karls des Großen, griff auf sie zurück und ordnete die Lesungen neu – ohne das Alte Testament zu berücksichtigen. Diese Leseordnung hat sich bis ins 19. Jahrhundert erhalten.

Erst die neue Perikopenordnung von 1896, die von der Eisenacher Kirchenkonferenz beschlossen und von fast allen deutschen Landeskirchen akzeptiert wurde, hat die vorhandenen zwei Reihen um drei zusätzliche erweitert und in diese neuen Reihen Texte des Alten Testaments aufgenommen. Dadurch ist das Alte Testament wieder zu Wort gekommen. Heutige Agenden weisen wieder drei Lesungen in der beschriebenen Reihenfolge auf. Ob sie gebraucht werden, ist eine andere Frage.

Denn erleben kann man es selten. Auf Nachfrage heißt es dann, dass man nicht so viel aus der Bibel vorlesen könne. Meist wird eine Schriftlesung gehalten, eine zweite ist dann der Predigttext, der von der Kanzel aus vorgelesen wird. Drei Schriftlesungen könnten die Leute sowieso nicht behalten, und wichtig sei allein der Predigttext, weil er erklärt werde. Die andere Lesung wird dann so ausgesucht, dass sie irgendwie dazu passt. Und aus dem Alten Testament hört man selten Lesungen.

Diese Argumente sind nicht völlig aus der Luft gegriffen. Der Grund liegt auch in der Textauswahl, die mit der Perikopenordnung von 1896 vorgenommen worden ist. Es wurde darauf Wert gelegt, neben den aus der Alten Kirche tradierten Texten solche Texte auszuwählen, die für die Predigt geeignet sind. Dass biblische Lesungen darüber hinaus zum Lobe Gottes gehört werden können, ist in Vergessenheit geraten. Daran hat sich auch mit den Perikopenrevisionen von 1958 und 1977 nichts Wesentliches geändert. Es ist zwar damit gerechnet worden, dass nicht nur eine, sondern mehrere Lesungen vorgetragen werden, und darum wurde auf die Konsonanz der Texte geachtet; auch ist wohl in den Blick gekommen, dass die Fülle der biblischen Botschaft zum Tragen kommen soll, aber gleichwohl blieb der Aspekt der Predigtfähigkeit der Textauswahl erhalten. So stehen bei den ausgewählten Texten die Lehre und die Unterweisung im Vordergrund.

Von daher kann man den Kritikern der drei Schriftlesungen zustimmen: Drei Texte zur Lehre und Unterweisung sind wirklich zu viel und pädagogisch unsinnig. Das spürt jeder zu Recht. Überdies fehlt es in vielen Gottesdiensten und in den Gemeinden an der Freude, die nötig wäre, um mehrere Texte aus der Schrift hören zu wollen. Die Freude will auch nicht recht aufkommen, wenn Texte im Stil von Information oder Belehrung vorgetragen werden, anstatt sich am verkündigten Wort zu erfreuen und damit die Gegenwart Gottes zu feiern. Man muss die Schriftlesungen nicht hören, um etwas zu lernen. Schriftstellen, die man schon oft gehört hat, werden nicht deshalb langweilig, weil man meint, den Nutzen des Lernens schon daraus gezogen zu haben, sondern sie bleiben wertvoll, weil mit ihrem Vortragen und Hören der Glaube gewiss und froh wird.

Schriftlesungen sind auch keine Texte, die zuallererst der Information der Gemeinde dienen. In den meisten Fällen werden die vorgelesenen Texte wohl bekannt sein. Dass es ausgesprochen wichtig ist, dass der Vorlesende sich im Klaren darüber ist, mit welcher – wahrscheinlich oftmals unbewussten – Haltung er eine Schriftlesung vorträgt, ist an einem kleinen Beispiel schnell zu erkennen:

Es ist Heiligabend, die Christvesper wird gefeiert. Kirchengemeinderäte wirken an dem Gottesdienst mit und tragen die Lesungen vor. Nun ist das Weihnachtsevangelium nach Lukas an der Reihe. Der Kirchengemeinderat geht an den Ambo, holt ein DIN-A4-Blatt hervor, das er zwei Mal bis zu dem Format gefaltet hatte, dass es Platz in seiner Jacketttasche fand, faltet es nun auf, was gut über die Mikrofonanlage zu hören ist, und liest den Text monoton, emotionslos und uninteressiert ab. Als er zu Ende gelesen hat, faltet er das Blatt Papier wieder zusammen, lässt es in seinem Jackett verschwinden und geht auf seinen Platz zurück. Ich konnte mich des Eindrucks nicht erwehren, dass er in diesem Stil genauso gut auch eine Anleitung zur Inbetriebnahme einer Maschine hätte vorlesen können – dafür wäre der Lesestil passgenau gewesen.

Nein, die Weihnachtslesung wird nicht zur Information, nicht zur Unterweisung und auch nicht zum Lernen vorgetragen, sondern als Höhepunkt der Christvesper soll sie das Lob Gottes zum Ausdruck bringen. Und das gelingt nur, wenn so vorgelesen wird, dass in meinem Inneren nicht eine mechanisch agierende Maschine erscheint, sondern die Krippe mit dem Jesuskind, dazu Maria und Joseph und auch noch der Stern über Bethlehem. Dann habe ich zum Lobe Gottes die Lesung wieder gehört, habe mich daran nicht geärgert, sondern bin erfreut worden und kann im Glauben gewiss aus dieser Christvesper gehen.

Wohl kaum noch ist die Schriftlesung als sogenannte *Bahnlesung*, als lectio continua, in Gebrauch. Hierbei wird eine biblische Schrift vollständig vorgelesen, wenn auch nicht in einem einzigen Gottesdienst, so doch in mehreren aufeinander folgenden.

Wieder aufgenommen hat das die römisch-katholische Kirche mit dem Zweiten Vatikanischen Konzil in ihrer Gottesdienstreform. Das Messbuch sieht vor, dass drei Lesungen vorgetragen werden: aus dem Alten Testament (außer in der

Osterzeit, dann wird aus der Apostelgeschichte vorgelesen), aus den Episteln und dann aus den Evangelien. Die fortlaufende Lesung – allerdings in Auswahl – kann die Epistel- oder Evangelienlesung betreffen, wohingegen die alttestamentliche Lesung immer auf die Evangelienlesung abgestimmt ist.

Das Messbuch macht es aber möglich, dass statt drei nur zwei Lesungen gehalten werden; dies scheint auch die Praxis zu sein. So kann es sein, dass zwei Lesungen vorgetragen werden, die nicht miteinander abgestimmt sind. In jedem Fall sind aber während der Advents-, der Fastenzeit und der Osterzeit die Lesungen thematisch aufeinander bezogen.

In der reformierten Tradition wurde die Bahnlesung ohne Auslassungen über eine lange Zeit, zum Teil bis in die Gegenwart hinein, gepflegt. In Zwinglis und Calvins Gottesdienstordnungen kommt nur eine Schriftlesung als Predigttext vor. Man dachte, dass es wohl nicht richtig sein könne, der Gemeinde nur eine Auswahl an Texten der Heiligen Schrift im Gottesdienst zu Gehör zu bringen und dadurch ganze Textpartien zu verschweigen. Darum wurden vollständige biblische Bücher vorgelesen und »durchgepredigt«. Was aber zur Folge hatte, dass sich eine Gemeinde über eine sehr lange Zeit mit einem biblischen Buch befasste, während andere biblische Schriften über Jahre hin gar nicht mehr zu Wort kamen. Entgegen der Absicht kam die Fülle der biblischen Botschaft nur bedingt zum Tragen.

Außerdem setzt ja diese Leseordnung voraus, dass immer dieselben Gottesdienstteilnehmenden anwesend sind; ist das nicht der Fall, werden die Bahnlesungen für den Hörer von selbst zu Bahnlesungen in Auswahl, also zu ausgewählten Predigttexten, die sich kaum von einer Perikopenordnung unterscheiden.

Eine wirklich allen möglichen Optionen und Wünschen gerecht werdende Schriftlesungsordnung scheint es nicht wirklich zu geben. Wie auch immer die Schriftlesungen in den unterschiedlichen kirchlichen Traditionen geordnet, geändert und erneuert wurden, so ist doch an der eingangs gemachten

Aussage festzuhalten, dass es wohl kaum einen christlichen Gottesdienst gibt, in dem nicht aus der Heiligen Schrift vorgelesen wird. Das ist eine eminent ökumenische Feststellung.

Da sich Gott mit der Schriftlesung durch sein Wort selbst vergegenwärtigt, setzt er damit selbst in der von Menschen vorgelesenen Schrift seine eigene Wirklichkeit. Die Gemeinde, der aus der Schrift vorgelesen wird, will sich von Gott ansprechen lassen. Sie macht sich so ihres eigenen geistgewirkten Ursprungs gewiss; das betrifft die Glaubensgeschichte im Lauf der Historie wie die eigene biographische Glaubensgeschichte. Im Hören auf das Wort Gottes wird die Gemeinde über Zeit- und Raumgrenzen hinweg mit den Heilsgeschichten in eine geistgewirkte Wirklichkeit gesetzt, sodass sie mit diesen Ereignissen verbunden ist.

Im Hören auf das Wort Gottes wird sie aber ebenso auch mit allen Menschen der Vergangenheit verbunden, die diese Geschehnisse durch dieselbe Schriftlesung gehört haben, und sie wird verbunden mit Menschen, die noch nach uns diese Texte hören werden. So ist eine in der Geschichte verankerte universale Hör- und Erzählgemeinschaft entstanden. Wobei der Begriff »universal« ernst zu nehmen ist im ökumenischen Sinn: Wenn Gott sich durch die Schriftlesung mit seinem Wort an die Hörenden wendet, dann wird er es wohl nicht nur mit den Schriftlesungen tun, die in den Gottesdiensten der eigenen Konfession vorgetragen werden, sondern auch in jenen Gottesdiensten, die in den anderen Konfessionskirchen gefeiert werden.

In der durch Gott selbst gewirkten Weise begegnen sich durch das Hören auf die Heilige Schrift alle als Hörende, obwohl sie räumlich, zeitlich und konfessionell getrennt sein mögen. Und eigentlich bleibt es nicht nur bei der Begegnung, sondern indem Gott sich durch den Heiligen Geist vermittels der Schriftlesung vergegenwärtigt, versetzt er sie trotz aller Trennungen, die sie sich in der Geschichte selbst beigebracht haben, immer wieder in ein und dieselbe Hörgemeinschaft.

Testen Sie sich selbst

⊕ Stellen Sie unterschiedliche theologische Schriftverständnisse dar – historische und gegenwärtige.

⊕ Erklären Sie theologisch: Hören auf das Wort Gottes.

⊕ Erklären Sie einem Gottesdienstbesucher die theologische Bedeutung der Begleitriten der Lesungen.

⊕ Nach welchen Kriterien suchen Sie Texte aus (wenn Sie sich nicht an die Perikopenordnung halten)?

Dass auf die Schriftlesungen das Glaubensbekenntnis folgt, ist allgemein üblich – muss aber nicht sein, wie der nächste Essay aufzeigen wird. Dass man sich damit allerdings allerhand Fragen einhandelt, will gut bedacht sein!

11 Glaubensbekenntnis – warum es im Gottesdienst auch nicht nötig sein könnte

In den während der vergangenen Jahre erschienenen Agenden für den sonntäglichen Gottesdienst ist manchen Liturgen der Vorschlag aufgefallen, das Glaubensbekenntnis auch nach der Predigt sprechen zu können und nicht mehr unbedingt nach der Verlesung des Evangeliums. Diese andere Zuordnung des Glaubensbekenntnisses hat manche Kontroverse hervorgerufen, aber auch nach der Funktion des Credo im Gottesdienstverlauf fragen lassen: Woraufhin spricht man denn nun das Credo?

Bislang war das Glaubensbekenntnis fast ausschließlich als Abschluss der Schriftlesungen gesprochen worden und manche Überleitung des Liturgen von der Verlesung des Evangeliums zum Credo hatte das zum Ausdruck gebracht: »Auf das gehörte Wort Gottes antwortet die Gemeinde nun mit ihrem Bekenntnis ...«

Kommt das Credo aber nach der Predigt und dem ihr folgenden Predigtlied zu stehen oder folgt es gar direkt auf das Amen der Predigt, fragen sich manche Gottesdienstteilnehmende – und vielleicht auch manche Prediger –, ob sie denn wirklich auf die Predigt hin das Glaubensbekenntnis sprechen wollen und damit den Inhalt der Predigt mit dem Credo bekräftigen können? Diesen Anspruch erhebt vielleicht eine ganze Anzahl von Predigern gar nicht und manche Gemeinden haben überdies von den ihnen gebotenen Predigten nicht den Eindruck gewonnen, dass diese anschließend mit einem Credo bekräftigt werden sollten oder gar könnten.

Ein Blick in die Liturgiegeschichte zeigt, dass diese Anfragen nur mit einem relativen Recht gestellt werden – immerhin wurde das Credo in die lateinische Gottesdiensttradition, in der auch die evangelischen Traditionen stehen, seien sie lutherisch, reformiert oder uniert, wesentlich auf das Betreiben von Karl dem Großen hin eingefügt.

In Rom sorgte Kaiser Heinrich II. dafür, dass das Credo dort 1014 in die Liturgie Aufnahme fand. Das war nicht ohne Brisanz, da es sich dabei nicht um das heute gewohnte Apostolicum handelte, sondern um das Nicaeno-Constantinopolitanum. Denn Karl der Große hat das filioque übernommen, das sich in keinem der griechischen Texte, die den originalen Wortlaut wiedergeben, findet. Der Zusatz wurde mit der dritten Synode von Toledo 589 in Spanien gefordert und lässt sich in einzelnen Missalen wiederfinden. Entsprechende Auseinandersetzungen waren die Folge bis hin zum Schisma zwischen der griechisch und lateinisch sprechenden Kirche im Jahr 1054.

Aber Karl der Große war in der lateinisch sprechenden Kirche nicht der Erste, der das Credo in die Messliturgie einfügte. Denn nach der erwähnten Synode von Toledo 589 findet sich das Credo in einige Messliturgien wieder, um damit dem Arianismus zu wehren. Man platzierte es allerdings im Abendmahlsteil nach dem Messgebet und damit vor das Vaterunser; das Credo sollte der Kommunionvorbereitung dienen. So sollte sichergestellt sein, dass nur Rechtgläubige kommunizieren oder sich die bekehrten Arianer an den rechten Glauben erinnern. Karl dem Großen ging es nicht mehr um den Arianismus, sondern um die Abwehr des Adoptianismus. Im Gottesdienst seiner Pfalzkapelle in Aachen fügte er es im Anschluss an das Evangelium ein – wie wir es bis heute als üblich kennen.

Als dann Heinrich II. in Rom das Credo in die Liturgie eingefügt sehen wollte, erklärten ihm die Kleriker, dass Rom diesen Schritt gar nicht nötig habe, da die römische Liturgie nie von Häresien befleckt worden sei – warum sollten sie also den immer wahr ausgeübten Glauben bekennen?

An all diesen Beweggründen, das Credo nicht nur in die Liturgie überhaupt, sondern auch noch an einem festgelegten Ort einzufügen, ist zu erkennen, dass es mit einem bestimmten

Zweck und mit einem bestimmten Ziel eingeführt worden ist. Dabei wurde das Credo ursprünglich bei der Taufe verwendet und hat dort seinen originären Ort – zwei Erinnerungen daran finden sich auch heute noch in den Liturgien vor:

- In unseren heutigen Taufagenden wird das Glaubensbekenntnis im Zusammenhang der Tauffeier von der Gemeinde oder von den Eltern und Paten gesprochen, wenn ein Säugling oder ein noch nicht religionsmündiges Kind getauft wird. Erwachsene, die getauft werden wollen, sprechen das Credo selbst.

- Die zweite Erinnerung finden wir in den Konfirmationsagenden: Das Credo wird von den Konfirmanden allein oder mit der Gemeinde gesprochen, wenn an die Taufe erinnert wurde, denn nun können die Konfirmanden ihr Glaubensbekenntnis selbst sprechen, was ihnen bei der Taufe noch nicht möglich war. Es folgt darauf die Frage, ob die Konfirmanden in diesem Glauben bleiben wollen; auf ihr Ja hin werden sie gesegnet.

Eine andere Möglichkeit ist, dass die Konfirmanden die Konfirmationsfrage mit dem Glaubensbekenntnis selbst beantworten. Die letztgenannte Möglichkeit erinnert noch stärker an den originären Ort des Credo in der altkirchlichen Tauffeier. Diese Liturgie entstand auf Grund von Erwachsenentaufen. Eine Kirchenordnung, die Traditio Apostolica, ein Hippolyt von Rom zugeschriebener Text, beschreibt einen solchen Taufritus (Traditio Apostolica 21, der Text ist wahrscheinlich im frühen 3. Jahrhundert entstanden):

- Der Täufer steht mit dem zu Taufenden im Wasser und fragt ihn mit dem Text des ersten Artikels des Credo, ob er an Gott den Vater etc. glaube. Darauf antwortet der zu Taufende mit »Ja, ich glaube« und der Täufer gießt Wasser über ihn. Dasselbe wiederholt sich mit dem zweiten und dritten Artikel des Credo. Danach steigt der Getaufte aus dem Wasser. Ähnlich beschreibt auch Ambrosius († 397) in seiner Schrift »De sacramentis« mit der zweiten Katechese den Taufvollzug.

Der Patriarch Timotheus (511–517) von Konstantinopel hat das Credo in die Messliturgie eingeführt, andere orthodoxe Kirchen sind dem Beispiel gefolgt. Es konnte gesprochen werden, nachdem die Katechumenen entlassen waren, so dass nur die noch anwesenden Glaubenden das Credo sprachen. Denn nun begann der eucharistische Teil der Liturgie, der nur für die Getauften und Glaubenden zugänglich war.

In manchen Liturgien wurde das Credo nach dem sogenannten Gläubigengebet, vergleichbar mit dem heutigen Fürbittengebet, gesprochen. Auf Grund der schon erwähnten Synode von Toledo 589 wurde das Credo vor dem Vaterunser in die eucharistische Liturgie eingefügt. In Rom wurde nach dem Brauch Karls des Großen das Credo nach dem Evangelium platziert. Das römische Missale von 1570 sah das Credo nach dem Evangelium oder auch nach der Predigt vor. Diese Möglichkeiten gibt auch das Evangelische Gottesdienstbuch von 1999 an und das Lutheran Book of Worship von 1978 setzt das Credo als Abschluss des Wortteils, um so den eucharistischen Teil zu eröffnen.

Aber nicht nur im sonntäglichen Gottesdienst mit Predigt und Abendmahl ist das Credo seit Jahrhunderten verwendet worden, sondern auch im sogenannten Pronaus, dem reinen Predigtgottesdienst, der sich im frühen Mittelalter entwickelt hatte. Er wurde in der Muttersprache und nicht in lateinischer Sprache gehalten und war so von allen Menschen zu verstehen. Die Predigt fungierte als Mittelpunkt und andere Elemente, wie z. B. das Credo, aber auch die Offene Schuld, der Dekalog oder das Allgemeine Kirchengebet gruppierten sich um die Predigt. Der Pronaus hat keine feststehende Ordnung ausgebildet, so konnte das Credo vor oder auch nach der Predigt gesprochen werden. Das konnte der Prediger selbst bestimmen. Beim Pronaus ist wohl der Text des Apostolicums verwendet worden, wohingegen für die Messe das Nicaenum gebraucht wurde.

Ein entsprechend unterschiedliches Bild zeigen dann auch die reformatorischen Kirchenordnungen. Luther hat das Nicaenum verwendet, in Straßburg und Nürnberg findet sich das Apostolicum. Sieht eine Kirchenordnung vor, dass die Predigt direkt auf die Verlesung des Evangeliums folgen soll, dann wird das Credo nach der Predigt gesprochen. Auch konnte das Credo erst nach der Abendmahlsvermahnung und Beichte gesprochen werden. Calvin hat das gesungene Apostolicum zwischen Vaterunser und Einsetzungsworte platziert und in Schwäbisch-Hall wurde das Credo 1543 erst nach der Kommunion gesprochen.

Etwas überspitzt lässt sich sagen, dass fast kein Ort mehr in der Liturgie auszumachen ist, an den das Credo nicht gesetzt worden ist. Auch war es zu Luthers Zeiten möglich, das Credo als Kirchenlied zu singen, Luther hat dafür selbst den Text verfasst.

Die von König Friedrich Wilhelm III. durchgeführte Liturgiereform von 1822/1829 verwendet als Text das Apostolicum und es behält nach dem Evangelium seinen Ort. Die nachfolgenden preußischen (unierten) Agenden von 1895 und 1930 ändern daran nichts. Die lutherischen Agenden haben in Anlehnung an die Reformation das Nicaenische und auch das Apostolische Glaubensbekenntnis aufgenommen; die Gemeinden können aber (fast) nur das Apostolicum auswendig sprechen. So ist das Nicaenum den hohen Festtagen vorbehalten. Es findet sich mit dem Apostolicum im Gesangbuch abgedruckt.

Nicht abgedruckt – weder im Gesangbuch noch in Agenden – findet sich das Athanasianum, das dritte ökumenische Glaubensbekenntnis. Es ist im sonntäglichen Gottesdienst nicht gebraucht worden; die römisch-katholische Kirche hat das Athanasianum beim Morgengebet (Prim) an den Sonntagen nach dem Epiphaniasfest und Pfingstfest verwendet. Heute wird es nur noch am Dreifaltigkeitsfest, also dem Sonntag nach Pfingsten, gebraucht. Im mittelalterlichen Predigtgottesdienst (Pronaus) ist das Athanasianum wahrscheinlich den Zuhörern vorgesprochen worden. Dass das Bekenntnis am Sonntag Trinitatis einen festen Ort erhalten hat, hängt damit zusammen, dass es in präziser dogmatischer Formulierung im Wesentlichen die Lehre von der Trinität und den zwei Naturen Christi zum Inhalt hat. Von den Reformatoren ist es deshalb auch hoch geschätzt worden. Seinen Inhalt vermittelt das Bekenntnis in 40 rhythmischen (lateinischen) Sätzen, so dass dieses Bekenntnis eine besonders schöne Prosaform aufweist.

Aber nicht nur der Ort innerhalb der Liturgie ist für das Credo variabel – und einige für unsere heutigen Liturgien sinnvolle Orte benennen die Agenden –, sondern auch seine Form ist variabel. Es kann gesprochen, aber auch gesungen werden. Die älteren Agenden sahen einen Sprechgesang vor, den der Liturg am Altar sang – daran war die Gemeinde selten beteiligt. Es gab auch die Möglichkeit, dass sich Gemeinde und Chor den Text in gesungener Weise teilten. Aber an Stelle dieser Texte konnten und können auch Glaubenslieder treten, z. B. das von Luther geschaffene Glaubenslied (heute EG 183). Ein neues Glaubenslied (EG 184) ist im Evangelischen Gesangbuch dazu gekommen.

Bei der Platzierung und der Form der Verwendung des Credo spielt eine ganze Reihe von Faktoren eine Rolle, die dem Credo neben seinem verbalen Text auch Bedeutungen verleihen durch nichtverbale »Texte«, die zum verbalen hinzutreten:
- ob das Credo nun gemeinsam gesprochen oder gesungen wird,
- ob es vom Liturgen allein vorgetragen wird oder durch einen Chor, gegebenenfalls mit einem Orchester, z. B. wenn die Vertonung des Credo von J. S. Bach aus seiner Hohen Messe in h-moll erklingt,
- ob man zum Credo steht oder sitzt,
- ob der Liturg am Altar steht oder an seinem Sitzplatz,
- ob er die Gemeinde beim Bekenntnissprechen ansieht oder zum Altar gewendet ist oder
- ob er sich gar in dem Mittelgang in die Gemeinde stellt, um mit ihr – nun auch zeichenhaft deutlich – gegenüber Gott im Angesicht des Kreuzes und Altares den christlichen Glauben zu bekennen.

Hinzu kommt eine Vielzahl von alternativen Glaubenszeugnissen der Gegenwart, die weniger von einem theologischen Topos als vielmehr von einem konkreten Anliegen aus den Glauben in Worte fassen. Solche Texte können sehr eindrücklich sein, wenn ein Gottesdienst von einem Thema bestimmt ist und dieses Thema in dem Glaubenszeugnis wieder vorkommt. Oftmals leiden solche Texte aber darunter, dass sie von Liturgen wie eine Schriftlesung verlesen werden, weil es ihnen offenbar nicht bewusst ist, dass sie hier Stimme der Gemeinde sein sollen. Auch ist ein modernes Glaubenszeugnis keine Predigt oder gar eine Information für die Gemeinde. Ist es sorgsam ausgewählt, können die Gottesdienstfeiernden es wirklich innerlich – vielleicht auch mit Hilfe eines bereitgehaltenen Blattes – mitsprechen. Das kann gelingen, wenn die Themenführung während des Gottesdienstes organisch auf ein Glaubenszeugnis zuläuft.

Vielleicht wird das Credo am eindrücklichsten, wenn es mit einer Taufgedächtnisfeier verbunden ist. Schon das Votum zu Beginn des Gottesdienstes – »im Namen des Vaters und des Sohnes und des Heiligen Geistes« – erinnert an die Taufe. Wenn dann die Gemeinde um den Taufstein steht, sich ihres eigenen Getauftseins erinnert, vor Gott ihre Schuld bekennt und Vergebung zugesprochen bekommt und daraufhin das Credo spricht, dann ist der Grund des Glaubens eindrücklich erlebt. Und wenn nun jeder vom Liturgen ein Kreuzeichen auf die Stirn erhält, indem der Liturg seinen Daumen in das Wasser taucht, dem Gemeindeglied die Hand auflegt und mit dem Daumen das Kreuzeichen auf die Stirn gibt, dann weiß eigentlich jeder Mensch, welche Kraft der Bewahrung in der Taufe ist, welche Annahme er bei Gott hat und an welch großartigen Glaubensinhalten er partizipiert, die er mit dem Glaubensbekenntnis zum Ausdruck bringt.

Testen Sie sich selbst

⊙ Sagen Sie das Apostolische Glaubensbekenntnis auf. Kennen Sie noch andere?

⊙ Suchen Sie im EG nach Glaubensliedern: Welche kennen Sie, welche halten Sie für gut einsetzbar zu welchem Anlass?

⊙ Erklären Sie, welche Bedeutungsveränderungen das Glaubensbekenntnis erfährt, je nachdem, wo im Gottesdienst es platziert wird.

⊙ Welche anderen Elemente des Gottesdienstes haben Bekenntnischarakter?

Wenn schon über Taufe so ausführlich nachgedacht wurde, so muss auch über Taufe im Gottesdienst am Sonntagmorgen gründlich nachgedacht werden. Da kann es zu mancher Konkurrenz mit anderen Gottesdienstteilen kommen, was weder dem Gottesdienst noch der Taufe gut ansteht. Ob es überhaupt eine gute Lösung gibt? Das nächste Kapitel wird einen Versuch unternehmen.

12 Gottesdienst und Taufe

Während eines Gesprächs unter Pfarrern über alle möglichen Kuriositäten, die man bei Taufen erleben kann, warf ein Gesprächspartner in die Runde, dass die Taufen im Gottesdienst am Sonntagmorgen sowieso Nottaufen glichen.

Das empfand ich als etwas übertrieben, denn zur Nottaufe gehört, dass ein Kind mit Wasser übergossen wird und währenddessen der Name des Kindes und die trinitarische Formel gesprochen wird: N.N., ich taufe dich im Namen des Vaters und des Sohnes und des Heiligen Geistes. Amen. So habe ich es noch im Konfirmandenunterricht gelernt. Eine Nottaufe – jedenfalls eine echte und nicht eine im Sonntagsgottesdienst gemeinte – habe ich nie durchgeführt. Sie wird eigentlich auch nicht von Pfarrern oder Pfarrerinnen durchgeführt, sondern von Laien. Deshalb steht in der Taufagende auch keine Liturgie für eine Nottaufe, sondern man findet sie im Gesangbuch, das Laien zur Hand haben, so dass Konfirmanden sie lernen oder Gemeindeglieder sich kundig machen können. (Eine Ausnahme allerdings stellt das Taufbuch der Evangelischen Kirche der Union von 2000 dar. Dort wurde eine Liturgie für die Nottaufe aufgenommen – der Sinn will sich mir aber nicht recht erschließen; vielleicht ist sie für unierte Kirchen gedacht, die ihr reformiertes Gewicht betonen, weswegen man der Meinung sein könnte, dass eine Agende nicht nur für die Hand der Pfarrer gedacht ist. Dagegen spricht, dass eine Nottaufe in einer rein reformierten Kirche nicht praktiziert wird. Hier zeigen sich Unterschiede in der Tauflehre und in der daraus resultierenden Taufpraxis.)

Wie dem auch sei, im Gesangbuch finden sich zwei Varianten für eine Nottaufe: eine Variante für den Fall, dass wenig Zeit zur Verfügung steht, die andere, falls mehr Zeit zur Verfügung zu stehen scheint, denn jeder darf bei Lebensgefahr des zu Taufenden die Taufe durchführen, wenn ein Pfarrer oder eine Pfarrerin nicht mehr herbeigerufen werden kann. Als Voraussetzung für eine Nottaufe gilt, dass der Täufling oder die für ihn Verantwortlichen mit der Taufe einverstanden sind. Auch sollten christliche Zeugen zugegen sein, da eine Nottaufe anschließend im Pfarramt angezeigt werden muss. Der zuständige Pfarramtsinhaber wird sich beim Täufer und den Zeugen über die korrekte Durchführung der Taufe vergewissern und sie dann ins Taufbuch eintragen.

Wenn also wenig Zeit zur Verfügung steht – so das Gesangbuch –, spricht der Täufer: »Herr Jesus Christus, nimm N. N. (dieses Kind) an in deiner Barmherzigkeit.« Dabei wird der Täufling mit dem Kreuzzeichen gesegnet. Dann folgt die Taufe mit Votum und Wasser, danach folgt ein Friedenswunsch: »Der Friede des Herrn sei mit dir«, anschließend das Vaterunser. Damit ist die Nottaufe, falls wenig Zeit ist, vollzogen. Steht mehr Zeit zur Verfügung, kann der Beginn erweitert werden: Es wird der Taufbefehl nach Mt 28,18–20 verlesen und anschließend das Glaubensbekenntnis gesprochen.

Die lutherische Taufagende von 1988 wie auch das Taufbuch der Evangelischen Kirche der Union von 2000 sieht die Bestätigung einer Nottaufe im Sonntagsgottesdienst vor, falls das getaufte Kind überlebt hat. Diese Bestätigung kann vor dem Fürbittengebet, aber auch vor oder nach dem Glaubensbekenntnis eingefügt werden. Der Pfarrer begrüßt die Familie und Paten und berichtet, dass das Leben des getauften Kindes bedroht war und es zu einer Nottaufe gekommen ist. Er macht dabei auch deutlich, dass das Kind gültig getauft worden ist. Denn eine Nottaufe heißt nicht, dass noch etwas zur Taufe fehlt und nun ergänzt werden müsste. (Um dieser Assoziation aus dem Weg zu gehen, hat die lutherische Agende den Begriff Nottaufe fallen gelassen und spricht stattdessen von einer Taufe in Notfällen.) Der Pfarrer bestätigt nun öffentlich, dass die Nottaufe korrekt vollzogen wurde, oder er kann sogar den Täufer und die Zeugen der Nottaufe fragen, ob sie mit Wasser und im Namen des dreieinigen Gottes die Taufe vollzogen haben. Dann holt er die Verpflichtung der Eltern und Paten nach, die nun versprechen, dass sie das Kind im christlichen Glauben erziehen wollen; er heißt das Kind in der Gemeinde willkommen, eine Taufkerze kann überreicht werden; er spricht die Gemeinde auf ihr Sorge um jeden Getauften an und kann Eltern und Paten segnen. Es wird also nachgeholt, was für eine Taufe im Sonntagsgottesdienst an Taufliturgie selbstverständlich ist.

Diese normale Taufliturgie an Sonntagen kann aber noch erheblich erweitert werden, um damit die Taufe in ihrer Bedeutungsweite besser auszuloten. Es können neben dem Taufauftrag nach Matthäus auch noch andere biblische Lesungen vorgetragen werden, es kann vor der Taufhandlung am Taufstein ein Gebet gesprochen werden, z. B. das berühmte Sintflutgebet nach Martin Luther, das zu taufende Kind kann mit einem Kreuzzeichen bezeichnet werden, es kann nach der Taufe sein Taufkleid angezogen bekommen als Zeichen, dass es nun Christus angezogen hat.

An manchen Orten wird das neu getaufte Kind auch gesalbt oder es kann die Hephata-Handlung durchgeführt werden. Dabei wird auf Mk 7,31–37 Bezug genommen, als Jesus einen Taubstummen geheilt hat. Dies wird auf den Täufling übertragen, der dazu berufen ist, das Evangelium zu hören und zu bezeugen. Dem Täufling werden dabei Ohren und Mund berührt, so wie Jesus dem Taubstummen Ohren und Mund berührt hatte. Lutherischerseits ist auch die Segnung mit dem Vaterunser bekannt. Selbstverständlich ist dann auch Zeit, eine Taufansprache zu halten.

Die Sache so betrachtet, hat der Gesprächspartner wahrscheinlich nicht ganz Unrecht mit seinem Einwand, im Sonntagsgottesdienst gleiche so manche Taufe einer Nottaufe. Das bezieht sich allerdings nicht auf den Notfall in Lebensgefahr, sondern auf die Kürze und Schnelligkeit, in der manche Taufe wegen des begrenzten Zeitrahmens vollzogen wird, den ein Sonntagsgottesdienst ermöglichen kann. Da wird so manche Taufe in fünf bis acht Minuten »durchgezogen«. Wird auch noch das Heilige Abendmahl in diesem Gottesdienst gefeiert, wird es zeitlich noch prekärer.

Und dann stellt sich insbesondere die Frage, wo im Verlauf des Gottesdienstes die Taufe platziert sein soll. Traditionellerweise gehört sie in den Sakramentsteil des Gottesdienstes, also nach Predigt und Fürbittengebet. Sollte das Altarsakrament gefeiert werden, folgen zwei Sakramentshandlungen nacheinander – was theologisch gesehen ja Sinn machen würde: Erst wird das Evangelium mit Schriftlesung und Predigt verkündigt, dann folgt darauf als Glaubensantwort die Taufe, die ihrerseits den Zugang zum Heiligen Abendmahl eröffnet.

Aber es stellen sich doch Bedenken ein, ob eine solche Häufung für den Mitvollzug des Gottesdienstes sinnvoll ist. Auch meinen einige, dass es nicht immer ratsam ist, die Taufe nach der Predigt zu halten, wenn die Taufgesellschaft kleinere Kinder mitbringt. Es würde zu viel Unruhe entstehen. Deshalb werden manchmal die Schriftlesungen und das Glaubensbekenntnis mit der Taufe verbunden.

Das Evangelische Gottesdienstbuch von 1999 hat sogar eine eigene Rubrik für die Einfügung der Taufe in den sonntäglichen Gottesdienst erhalten: Die Taufliturgie kann in den Eröffnungsteil eingefügt werden, dann aber – wie schon erwähnt – auch mit den Schriftlesungen und dem Glaubensbekenntnis verbunden, oder vor der Predigt oder nach der Predigt. Die Agende weist auf die wahrscheinlich wenig beachtete Möglichkeit hin, den gesamten Gemeindegottesdienst als Taufgottesdienst zu feiern. Dann wäre ein solcher Gemeindegottesdienst ein Taufgedächtnisgottesdienst, mit dem alle Feiernden ihrer Taufe gedenken.

Die Assoziation mit der Nottaufe ist wohl auch aus dem Grund entstanden, dass man eine erhebliche Diskrepanz empfindet zwischen der im Sonntagsgottesdienst recht zügig durchgeführten Taufe und dem theologischen Gewicht, das wir der Taufe beimessen. Die Taufe als Sakrament ist heilsnotwendig, so formuliert es die Leuenberger Konkordie in Ziffer 14: In der Taufe »nimmt Jesus Christus den der Sünde und dem Sterben verfallenen Menschen unwiderruflich in seine Heilsgemeinschaft auf, damit er eine neue Kreatur sei. Er beruft ihn in der Kraft des Heiligen Geistes in seine Gemeinde und zu einem Leben aus Glauben, zur täglichen Umkehr und Nachfolge.« Sollte man daher nicht die Taufe entsprechend feiern?

Die Taufliturgien der Alten Kirche, die allerdings für Erwachsene gedacht waren, sahen tatsächlich einen *Taufweg* vor, der die neue Identität, die der Getaufte in Christus hat, dem zu Taufenden sinnlich nahebringt und ihn sie erleben lässt. Der Taufe konnte ein mehrjähriges Katechumenat vorausgehen. Der Taufbewerber wurde in der christlichen Lehre unterwiesen und es wurde darauf geachtet, dass er einen Lebenswandel führte, der dem christlichen Glauben entspricht. So sollte erreicht werden, dass die Katechumenen vom heidnischen bzw. unchristlichen Lebenswandel zu einer christlichen Lebensführung gelangten, was durch Exorzismen unterstützt wurde: Der Bischof legte den Katechumenen die Hände auf, damit sie gesegnet seien und damit das Böse aus ihnen entweiche.

Getauft wurde gern in der Osternacht in einem Baptisterium, das eigens für Taufen gebaut wurde und in der Mitte ein großes Wasserbecken besaß. Am Donnerstag zuvor hatten die Täuflinge ein Reinigungsbad zu nehmen, am Freitag und Samstag zu fasten, der Bischof versiegelte sie mit dem Kreuzzeichen an Stirn, Ohren und Nase, damit sie am Sonntagmorgen bei Sonnenaufgang getauft wurden. Die Liturgie der Tauffeier sah folgendermaßen aus:

> Zunächst wird über dem Taufwasser gebetet, dann werden die Tauföle gesegnet. Anschließend werden die Täuflinge einzeln aufgefordert, dem Bösen abzusagen. Es folgt die Salbung mit dem Exorzismusöl. Jeder Täufling steigt mit dem Täufer, der ein Diakon sein kann, in ein Taufbecken. Der Täufer erfragt das Glaubensbekenntnis, der Täufling wird getauft. Danach wird der Täufling mit dem Öl der Danksagung gesalbt, der Getaufte erhält ein weißes Gewand. Der Bischof legt seine Hand auf jeden Getauften und bittet nun

darum, dass der Heilige Geist auf sie komme und bei ihnen bleibe. Auch der Bischof salbt die Häupter der Neugetauften mit dem Öl der Danksagung. Er versiegelt sie nochmals mit dem Kreuzzeichen auf der Stirn, Bischof und Getaufte geben sich gegenseitig den Friedenskuss. Zusammen gehen Bischof, Diakone und alle Getauften in die Kirche, wo die Gemeinde wartet. Hier beten sie, dann tauschen die Neugetauften mit den Gemeindegliedern den Friedenskuss aus. Danach wird gemeinsam die Eucharistie gefeiert. Die Neugetauften sind nun in die Kirche aufgenommen worden.

Mit dem Aufkommen der Säuglingstaufe war es kaum mehr möglich, diesen ganzen Vorgang einschließlich des Katechumenats sinnvoll durchzuführen; zudem ist die Angst beherrschend geworden, dass ein ungetauftes Kind in die Hölle kommt. Also wurde es bald nach der Geburt getauft, manchmal noch am selben oder doch am darauf folgenden Tag. Der Vater und die Paten brachten das Neugeborene in die Kirche, wo der Geistliche es taufte. Taufliturgien sahen nicht einmal die Anwesenheit des Vaters vor, sondern erwähnen nur die Paten. Die Mutter lag noch im Kindsbett und war ebenso wenig wie Verwandte bei der Taufe anwesend.

Das verkürzte Ritual war zwar noch für die Erwachsenen erfahrbar, nicht aber für die Säuglinge. Darum antworten die Paten in diesem Ritual an den Stellen, wo eigentlich der zu Taufende antworten sollte. Darum wurde später die Konfirmation bzw. Firmung eingeführt, die diese Erfahrung nachholte. Damit wurde auch eine Unterrichtung im christlichen Glauben verbunden. Es ist also nicht verwunderlich, dass die Konfirmation bei uns deshalb so groß gefeiert wird, weil hier die Konfirmanden etwas miterleben und bewusst entscheiden können: Wurde in der Alten Kirche bei der Taufe nach dem Glauben gefragt, so wird dies nun bei der Konfirmation vollzogen, nachdem die Paten bei einer Säuglingstaufe stellvertretend für den Täufling das Glaubensbekenntnis gesprochen haben.

Bedenklich kann man auch die Taufformel finden. In der lutherischen Agende steht: N. N., ich taufe dich im Namen …, in der reformierten Agende steht: N. N., ich taufe dich auf den Namen … Es kann gemeint sein, dass der Täufer anstelle Gottes tauft, wenn er sagt, ich taufe dich im Namen des Vaters etc. Wenn der Täufer dagegen sagt, er taufe auf den Namen, dann wird hier deutlicher, dass der Täufling in Christus hineingetauft wird. Das ist allerdings auch bei der Formel »im Namen« gemeint.

Die Schwierigkeit der deutschen Formulierung liegt an den entsprechenden griechischen Präpositionen, die im Neuen Testament gebraucht wurden (so steht z. B. in Mt 28,19 »eis to onoma«, in Apg 2,38 »epi to onomati Jesu Christu«; die Didache, in der erstmals die Taufformel in Kapitel 7.1 erwähnt wird, wie wir sie heute in den Agenden finden, formuliert »eis to onoma tou patros kai tou uiou kai tou agiou pneumatos«).

Gleichwohl »hängt« die Taufe nicht an dieser Formulierung, sondern es sollte durch den gesamten Verlauf der Tauffeier deutlich werden, dass der Getaufte in die Wirklichkeit Gottes und seines Heils gehört. Das wird auch mit der Verwendung des Taufwassers deutlich. Manche Täufer verwenden das Wasser sehr sparsam, manchmal erreichen den Getauften nur einige Tropfen Wasser. Dann aber wird nicht deutlich, dass hier eine Abwaschung der Sünden, ein Untergehen und Sterben des alten, des von Gott fernen Menschen gefeiert wird.

Es ist eigentlich richtig, den zu Taufenden drei Mal mit fließendem Wasser zu übergießen. Sinnigerweise jeweils bei der Nennung des Vaters, des Sohnes, des Heiligen Geistes. Wird nur mit Fingerspitzen etwas Wasser aus der Taufschale geholt und auf die Stirn des Täuflings gedrückt, könnte einem magischen Verständnis Vorschub geleistet werden. Man könnte meinen, dass nun göttliche Kräfte, die sich im Taufwasser befinden, vermittels der Wasserberührung auf der Stirn des Täuflings in das Kind hineinfahren. Das ist aber keinesfalls intendiert, vielmehr zeigt uns die altkirchliche Taufhandlung, dass die Täuflinge in den Taufbrunnen oder in ein fließendes

Gewässer gestiegen sind und dort ganz unter Wasser gesetzt wurden oder dass das Wasser über sie ausgegossen worden ist. Erst mit der Kindertaufe im klimatisch eher kühlen Europa ist daraus die minimierte Wasserhandlung geworden.

Bei unseren Taufhandlungen ist es auch nicht unwichtig, die ökumenische Verbundenheit ebenfalls in der Ausführung des Taufritus zu wahren. Haben doch unlängst, am 29. April 2007, die Evangelische Kirche in Deutschland, die Deutsche Bischofskonferenz für die Römisch-katholische Kirche, auch orthodoxe und altorientalische Kirchen und Freikirchen, die allesamt Gemeinden in Deutschland haben, noch einmal die Taufe gegenseitig anerkannt.

 Testen Sie sich selbst

⊖ Formulieren Sie Ihre eigene Tauftheologie.
⊖ Versuchen Sie nun, die Taufe an verschiedenen Stellen im Gottesdienst gut einzuordnen. Denken Sie dabei auch an die Erwachsenentaufe.

Nicht nur Taufe und Gottesdienst geraten manchmal in Konkurrenz zueinander, sondern auch Predigt und Abendmahl. Ob das nötig ist? Das nächste Kapitel artikuliert Befindlichkeitsstörungen.

13 Predigt und Abendmahl – ein nicht immer konfliktfreies Feld

In jedem Sonntagsgottesdienst Abendmahl feiern? Das ist für viele – Gemeindeglieder wie Pfarrer und Pfarrerinnen – nicht vorstellbar. Da fehlt es doch an ausreichend Zeit! Wie soll man denn innerhalb einer Stunde Predigt, Liturgie und Abendmahl unterbringen, womöglich auch noch eine Taufe – und was ist, wenn der Chor singt? Und was ist, wenn der Pfarrer nicht nur einen, sondern zwei Gottesdienste am Vormittag zu halten hat, weil er im Nachbarort noch eine Kirchengemeinde hat? Er verwendet doch schon für den früheren Gottesdienst extra eine verkürzte Liturgie! Predigt und Abendmahl in jedem Gottesdienst – nicht nachvollziehbar!

Und doch ist schon im Neuen Testament ein Gottesdienst, der aus Predigt und Abendmahl besteht, zu erkennen: Jesus legt den Jüngern auf dem Weg nach Emmaus die Schrift aus, um dann das Herrenmahl zu feiern. Die Apostelgeschichte berichtet von urchristlichen Zusammenkünften, die unter anderem aus der Lehre der Apostel und dem Brotbrechen bestanden. Paulus predigte in Troas und brach dann das Brot mit den Anwesenden.

Die frühchristlichen, auch außerbiblischen Zeugnisse zum Gottesdienst zeigen immer wieder, dass Predigt und Abendmahl als zusammengehörend angesehen und gefeiert worden sind. Aber man findet auch Klagen darüber, dass die Teilnahme an den Abendmahlsfeiern nachließ. Ein Grund dafür mag gewesen sein, dass man die Abendmahlsteilnahme erschwerte, indem man sie an Bedingungen wie Buße und Beichte, geordneten Lebenswandel knüpfte.

Schon hier lässt sich eine Lockerung der engen Verbindung zwischen Wort- und Sakramentsteil im Gottesdienst erkennen.

Dagegen kann man im Mittelalter die umgekehrte Entwicklung beobachten: Der Wortteil wurde dem Sakramentsteil untergeordnet, die Predigt konnte weggelassen werden. Die Sakramentsfeier wurde nun als Darbringung des Messopfers verstanden, der nicht unbedingt eine Predigt mit Schriftlesungen vorausgehen musste – man sah darin keine innere Notwendigkeit. So wanderte die Predigt aus der mittelalterlichen Messe aus und wurde oftmals sogar außerhalb der Kirche auf dem Kirch- oder Marktplatz gehalten, und zwar in der Landessprache.

Die Predigt wurde von einer kurzen Liturgie umrahmt, die vorrangig aus Gebeten und weiteren Lehrstücken, z. B. dem Glaubensbekenntnis, den Zehn Geboten, bestand. Gelegentlich konnte im Anschluss an diesen sogenannten »Pronaus« die Kommunion empfangen werden: Die während einer Messe konsekrierten Hostien wurden aus dem Sakramentshäuschen herbeigeholt und mit einem kurzen Gebet den Glaubenden gereicht.

Es ist unschwer zu erkennen, dass hier die Anknüpfung des reformierten Gottesdienstes zu finden ist: ein Predigtgottesdienst mit »angehängtem« Abendmahl. Der lutherische Gottesdienst wurde bei den Bemühungen um eine Reform dagegen an die mittelalterliche Messe angeschlossen. Doch für beide Reformatoren – Luther und Calvin – war es eine theologisch begründete Vorgehensweise, dass der sonntägliche Gottesdienst, zu dem sich die Gemeinde versammelte, aus Predigt und Abendmahl bestehen sollte. Calvin konnte sich mit dieser Forderung beim Stadtrat in Genf nicht durchsetzen; der Stadtrat bestimmte, dass das Abendmahl viermal im Jahr zu feiern sei. Luther hat zwar die deutschsprachige Predigt als Teil des sonntäglichen Messgottesdienstes wiedergewonnen, aber ob die Gemeinde in Wittenberg den theologischen Umschwung vom Messopfer zum evangelisch verstandenen Abendmahl mitvollzogen hat?

Es blieb – wohl auch in Genf – bei der aus dem Mittelalter überkommenen Gewohnheit, selten an der Kommunion teilzunehmen. Das führte in vielen, wenn auch nicht in allen (!) Gemeinden dazu, dass das Abendmahl nicht an jedem Sonntag und wenn, dann im Anschluss an den Gottesdienst gefeiert worden ist. Immerhin musste man sich zuvor beim Pfarrer anmelden, wenn man an der Abendmahlsfeier teilnehmen wollte. Er konnte die Teilnahme erlauben oder zunächst z. B. eine Buße oder eine Besserung der Lebensführung einfordern, bevor das Gemeindeglied wieder kommunizieren durfte. Diese Maßnahmen muss man nicht als Schikane interpretieren, sondern sie hängen durchaus mit der Hochschätzung dieses Sakraments zusammen, die eine entsprechende Würde des Kommunikanten erwartete. Fehlte es an den Voraussetzungen, war man eben nicht würdig, am Abendmahl teilzunehmen. Entsprechende Gerichtsdrohungen – während der Predigt oder vor der Abendmahlsfeier – verfehlten ihre Wirkungen nicht. So blieb die Abendmahlsfeier, insbesondere die Kommunion, wie schon im Mittelalter, erheblich angstbesetzt.

Für das allgemeine religiöse und kirchliche Bewusstsein der Gemeinden ist dadurch der Predigtgottesdienst zum eigentlichen evangelischen Gottesdienst geworden. Der theologische Zusammenhang von Wort und Sakrament, wie ihn schon die Confessio Augustana in den Artikeln V und VII betont hat, konnte auf diese Weise nicht deutlich genug in den Vordergrund treten und folglich nicht in das allgemeine Bewusstsein eindringen.

Es ist der liturgischen Bewegung evangelischer- wie katholischerseits seit dem 19. Jahrhundert zu verdanken, dass ihre Wertschätzung des Gottesdienstes, die damit verbundenen Forschungen und daraus hervorgegangenen Reformvorschläge dazu geführt haben, dass dieser Zusammenhang wieder deutlicher erkennbar wurde und zudem an der Feier des Gottesdienstes ablesbar geworden ist. Immerhin gilt es heute als üblich, dass in evangelischen Gottesdiensten zumindest ein Mal im Monat das Abendmahl gefeiert wird, und das Abendmahl im Anschluss an den Gottesdienst gilt als verpönt.

Für die katholische Messe hat der Wortteil mit Schriftlesungen und Predigt seit dem Zweiten Vatikanischen Konzil nicht mehr die Bedeutung einer Vormesse, sondern er ist ein wesentlicher Teil des Gottesdienstes. Auch wird der Sakramentsteil nicht mehr als Darbringung des Messopfers aufgefasst.

Aber sowohl in der römisch-katholischen Kirche als auch in den evangelischen Kirchen wirken bis auf den heutigen Tag Prägungen nach, die über Jahrhunderte hinweg angeeignet und weitergegeben worden sind und vermutlich immer noch weitergegeben werden. So wird von vielen Gemeindegliedern nach wie vor die Predigt als etwas typisch Evangelisches und die Sakramentsfeier als etwas typisch Katholisches betrachtet. Entsprechend sind dann auch die Gewichtungen zwischen Wort- und Sakramentsteil verteilt – selbst dann, wenn der Gemeindepfarrer oder die Gemeindepfarrerin theologisch anders urteilt und sich wünscht, dass die innere Beziehung zwischen beiden Gottesdienstteilen ganz in den Vordergrund gerückt ist –, denn für die Feier des Gottesdienstes ist es nicht unerheblich, wie die Gemeindeglieder den Gottesdienst innerlich mitfeiern, worauf sie selbst Wert legen – bewusst oder unbewusst – und welche Teile des Gottesdienstes sie mit voller Zustimmung oder eher verhalten mitfeiern. Die herrschende Stimmung und die Bewertung der Gottesdienstfeiern kann auch mit noch so gut gemeinten theologischen Argumenten und Erklärungen nicht einfach beiseite geschoben werden. Hier zeigen sich Mentalitäten und Prägungen, die Glaubensprägungen, die ihrerseits auch wiederum Spuren hinterlassen werden.

Veränderungen hin zu einem sonntäglichen Gottesdienst, der immer Wortteil und Sakramentsteil umfasst, sind Schritte, die meines Erachtens auch die Frömmigkeit einer Gemeinde verändern werden, die nicht unerheblich und nicht zu unterschätzen sind: Denn nun ist eine Gemeinde nicht allein Hörerin und Beterin, sondern auch Kommunizierende, die sich nicht nur als Sondergruppe im Anhang zum Gottesdienst wiederfindet, sondern sich sonntäglich selbst als Leib Christi erfährt. Das wird sich auch auf die Predigt auswirken: War bislang die Predigt in einem Predigtgottesdienst eher als eine Lehrpredigt angelegt, kann sie nun auch liturgische Funktionen erhalten, in dem sie z. B. einen meditierenden, Fragen offen lassenden, die vielen Bedeutungen der vorausgegangenen Schriftlesungen hervorhebenden Charakter annimmt, ohne dass alles gesagt werden muss oder alle Fragen beantwortet sein müssten. Schließlich setzt sich der Gottesdienst mit dem Abendmahl fort, und dort werden mit dem Abendmahlsgebet vieles Ungesagte und Unverstandene, viele Sorgen und Nöte, viele Hoffnungen und Wünsche mit Lob und Dank vor Gott getragen. Das kann mehr aussagen und bedeuten, als was in einer Predigt lehrmäßig oder seelsorgerlich gesagt werden könnte. Im Gegenteil: Die Predigt kann sich nun wirklich darauf konzentrieren, die Schrift auszulegen, sie kann vielleicht einen Aspekt hervorheben und sich mit einer gewissen guten Bescheidenheit zufrieden geben. Denn die Predigt steht nun nicht mehr im Mittelpunkt des Gottesdienstes, sondern sie ist als ein Element, wenn auch als ein wichtiges, in den Gottesdienst einbezogen.

Zwischen beiden Polen – Schriftlesungen mit Predigt und Abendmahlsgebet mit Kommunion – entsteht eine besondere Spannung, die ihrerseits wiederum bei den Gottesdienstfeiernden eigene Bedeutungen freizusetzen vermag. So wird der Glaube gestärkt und vertieft, da die Gemeinde auf Gottes Wort hört und ihm mit Lob und Dank antwortet. Diese beiden Elemente kommen sowohl bei der Wort- als auch bei der Sakramentsfeier zum Zuge, wie viel stärker noch, wenn beide zusammen im Gottesdienst gefeiert werden!

Testen Sie sich selbst

⊖ Diskutieren Sie die Frage, ob in jedem Sonntagsgottesdienst Abendmahl gefeiert werden soll oder nicht. Nennen Sie für beide Möglichkeiten möglichst verschiedene Argumente.
⊖ Erläutern Sie den theologischen Zusammenhang zwischen Predigt und Abendmahl.

In der Zeit der Reformation werden Predigt und Abendmahl zusammen dargestellt. Wer welche Aufgaben in diesen Gottesdiensten wahrnimmt oder wahrgenommen hat, kann man auch an den Kleidungen sehen. Dass damit nicht nur Stil- und Geschmacksfragen berührt sind, zeigt das nächste Kapitel.

14 Kleidung nach Maß

Kleidung muss passen und sitzen. Zumindest legen viele Menschen darauf Wert, Kleidung zu tragen, die zu ihnen passt. Damit ist nicht nur die richtige Konfektionsgröße gemeint, sondern auch der Stil, die Farben, die Formen – eben das ganze Outfit. Denn jeder weiß und spürt: Wie man sich angezogen hat, so präsentiert man sich seinen Mitmenschen. Man teilt ihnen auch etwas über sich selbst mit. Denn an der Kleidung ist viel abzulesen. Das trifft insbesondere dann zu, wenn man sich zu besonderen Angelegenheiten anzieht, sei es zum Theaterbesuch, zu einem Empfang, zu einer Betriebseröffnung, zu einem Vorstellungsgespräch usw. An der Kleidung ist abzulesen, mit welcher inneren Haltung und Einstellung man zu diesen Veranstaltungen geht. Da muss die Kleidung »passen« und etwas ausdrücken. Den Veranstaltungsrahmen, also den Kontext, in dem man mit der Kleidung auftritt, bezieht man bei der Kleiderwahl schon mit ein.

Dasselbe gilt für die liturgische Kleidung. Auch sie nimmt den Kontext, in dem sie getragen wird, auf und will mit ihrer besonderen Gestaltung etwas ausdrücken. In unserem konfessionell geteilten Land ist der schwarze Talar zum Markenzeichen für evangelische Geistliche geworden, Albe, Stola und gegebenenfalls Kasel gelten als katholisch. Hier ist es also die Erkennbarkeit der Konfessionszugehörigkeit der Geistlichen, die von den Gottesdienstteilnehmenden mit der gottesdienstlichen Kleidung verbunden wird. Die Bedeutung dieser Erkennbarkeit hat sich noch verstärkt dadurch, dass die Bildmedien (Zeitung, Fernsehen, Internet) zunehmend »Kirche« in die Öffentlichkeit transportieren und oftmals gerade über ökumenische Feiern berichten. Deshalb scheint die Zuordnung der Amtsträger – wer gehört hier eigentlich wohin? – sehr wichtig zu sein oder sie wird zumindest von den Trägern der liturgischen Kleidung für wichtig gehalten.

So ähnlich muss es wohl auch der Preußenkönig Friedrich Wilhelm III. angesehen haben, als er 1811 den protestantischen Geistlichen, den Richtern und auch den Rabbinern den Talar verordnete. Sie sollten alle als Staatsbedienstete erkennbar sein und hatten sich dementsprechend ihrer Amtsfunktion gemäß zu kleiden – die Kirche war Staatskirche, Obrigkeitskirche eben. Der Talar als Standeskleidung war das leitende Verständnis.

Ein theologisches bzw. liturgisches Argument findet sich für den Talar dagegen nicht. Manche meinen, der Talar würde den Prediger und damit insbesondere das Predigtamt kennzeichnen. Leider greift dieses Argument erst fast 300 Jahre nach der Reformation – doch wie haben sich die Prediger bis zu Preußens König gekleidet? Im reformierten Zweig der Reformation war die Sache einfach: Es gab keine besondere Gottesdienstkleidung für den Prediger. Er war nicht anders als alle anderen Gottesdienstteilnehmenden gekleidet. Der preußische Talar wurde von einigen reformierten Kirchen bzw. Pfarrern später auch übernommen, aber – selbstverständlich – nicht zwingend für alle. Noch heute werden viele reformierte Gottesdienste von Geistlichen in Zivilkleidung geleitet.

Der lutherische Zweig der Reformation hat – wie auch Luther – zunächst die gewohnte liturgische Kleidung beibehalten: Albe, Stola und Kasel. Luther hat dieser Kleidung aber den Zwang genommen: Man soll nicht meinen, man könne nicht auch ohne sie Gottesdienste feiern! Schließlich hängt das, was im Gottesdienst geschieht, nicht von der Kleidung ab. Doch ebenso selbstverständlich kann man Gottesdienste auch mit dieser liturgischen Kleidung feiern. Hier greift ebenfalls die evangelische Freiheit: Schließlich wird das, was im Gottesdienst geschieht, auch durch liturgische Kleidung nicht vermindert.

Zahlreiche Bilder, die von der Reformationszeit bis ins 17. Jahrhundert hinein entstanden sind und gottesdienstliche

Situationen zeigen, machen deutlich, dass der Liturg am Altar liturgische Kleidung und der Prediger auf der Kanzel als Zeichen seiner Gelehrsamkeit seine Gelehrtenschaube getragen hat (für Theologen war das ein langes schwarzes Gewand). Wenn der Prediger bei der Abendmahlsausteilung mitgeholfen hat, hat er dazu eine zweifelsohne sehr weite Albe über seine Schaube gezogen. Diese weite Albe konnte auch an den Seiten ungenäht sein und als zwei Stoffbahnen über Brust und Rücken hängen. So wurde offensichtlich, dass diese Person jetzt nicht mehr als Prediger, sondern als Liturg tätig ist.

Es kamen die Zerstörungen des Dreißigjährigen Krieges und durch die Not danach war es an vielen Kirchen nicht mehr möglich, die in den Wirren des Krieges zerstörte, geraubte oder verbrannte kostbare liturgische Kleidung durch neue zu ersetzen. Also wird man sich irgendwie beholfen haben und hat sich im Laufe der Zeit an den Interimszustand gewöhnt. Jedenfalls war es zur Zeit des liturgisch interessierten Preußenkönigs ein Ärgernis nicht allein, wie unterschiedlich, sondern auch, wie willkürlich (und wohl auch manches Mal auf dem letzten Stand der Mode!) die Prediger sich kleideten. Den Ruf nach Vereinheitlichung und Angemessenheit nahm der König gern auf. Er pries den Predigern das neue Gewand als preisgünstig an, das bei allen Gelegenheiten zu tragen war und zudem symbolisierte, wie eng und einträchtig Staat und protestantische Kirche – im Gegensatz zur eher eigenwilligen katholischen Kirche – beieinander waren. Wahrscheinlich hat sich nie wieder eine Amtstracht so schnell und so weiträumig durchgesetzt!

In den letzten Jahrzehnten kommen allerdings Bedenken auf, die jedoch eher auf der ästhetischen Ebene angesiedelt sind: So mancher Pfarrer beginnt zu spüren, dass er bei fröhlichen Gottesdiensten (Familiengottesdienste), feierlichen Gottesdiensten (Osternachtgottesdienst, Gottesdienst zu Jubiläen) und immer öfter stattfindenden liturgischen Gottesdiensten (z. B. Thomasmesse, Taizéandachten) mit dem Talar nicht so richtig gekleidet ist. Die eher etwas gedrückte und meist auch freudlose Stimmung der typisch protestantischen Predigtgottesdienste möchte man ja nicht gern mit in die neuen Gottesdienstformen hinübernehmen. Wohnt diese Stimmung aber nicht geradezu im Stoff des Talars?

Der Kontext für den Talar beginnt sich zu ändern: Die Staatskirche und Obrigkeitskirche wird im allgemeinen Bewusstsein immer weniger transportiert, der typische sonntägliche Predigtgottesdienst findet immer weniger Resonanz, die Pluralisierung der Gottesdienstformen nimmt erheblich zu. Angesichts allerlei Reformen, Veränderungen und Verunsicherungen fragt man sich: Soll nun der Talar die Konstante bilden? Soll er das Markenzeichen der evangelischen Kirchen sein? Oder anders gefragt: Haben die evangelischen Kirchen nichts Besseres zu bieten als ein »Adiaphoron«?

Ein »Adiaphoron« ist ein sogenanntes Mittelding. Es ist zwar nicht willkürlich zu benutzen, aber es ist auch nicht mit einer Heilsnotwendigkeit verknüpft. Es wird der Vernunft überlassen, wie mit dem »Adiaphoron« umgegangen wird. Nun bieten sich derzeit zwei Optionen an: Sagt die Vernunft, dass es gut ist, wenn die Konfessionalisierung weiter fortgeschrieben wird, wird man im Zeitalter der Medienbilder auf dem schwarzen Talar beharren. Er ist immerhin ein gut eingeführtes Zeichen. Sagt die Vernunft, dass es besser ist, angesichts der abnehmenden allgemeinen Christlichkeit in Europa näher zusammenzurücken, dann könnte der Gebrauch von liturgischer Kleidung ein ökumenisches Zeichen von christlicher Verbundenheit über die Kirchengrenzen hinweg sein. Auch das würden die Medien transportieren.

Wie schon oben erwähnt, kommen für den Talar theologische oder liturgische Argumente kaum in Frage. Zudem es fraglich ist, ob die Predigt denn zur Liturgie gehört und ein Teil der Liturgie ist oder nicht vielmehr ein ganz eigenes Element – eben im Kern Verkündigung, der Ruf Gottes an uns Menschen, wohingegen Liturgie im Kern Gebet ist, in dem Menschen Gott anrufen. Nimmt man diese Zuordnungen auf, könnte sich daraus ein funktionaler Gebrauch der Kleider ergeben, sodass auch die gottesdienstliche Kleidung wie die private Kleidung »passen« und »sitzen« kann. So könnte die Kleidung, statt nach Richtlinien des Marketing, nach einem gottesdienstlichen Maßstab gewählt werden: Wird ein eher liturgisch orientierter Gottesdienst gefeiert, dann ist auch eine liturgische Kleidung sinnvoll, und – vice versa – wenn ein an der Predigt orientierter Gottesdienst gefeiert wird, ist der Talar vielleicht sinnvoller. Sollten gar mehrere Personen an der Gottesdienstleitung beteiligt sein, dann können sie sich auch je nach der übernommenen Funktion kleiden: der Prediger mit dem Talar, der Liturg mit Albe, Stola und gegebenenfalls Kasel, ein Lektor vielleicht nur mit einer Albe, und andere, die z.B. die Geldsammlung im Gottesdienst übernehmen, bleiben bewusst in Zivilkleidung.

Leider haben die landeskirchlichen Gesetze zur Amtstracht diese Überlegungen nicht aufgenommen. Sie sind dafür zu sehr vom Einheitsgedanken und vom Imagedenken (Markenzeichen!) geprägt. Viele dieser Gesetze legen fest, dass bei der Mitwirkung mehrerer Pfarrer bzw. Pfarrerinnen an der Gottesdienstleitung entweder von allen die Albe mit Stola oder von allen der Talar getragen wird. Meistens gilt sogar – und das ist der Tradition und der Gewohnheit geschuldet –, dass ein Talarbefürworter mehrere Albenbefürworter übertrumpfen und sich durchsetzen kann. Nur wenn alle Geistlichen einmütig die Albe anlegen wollen, kann dies auch geschehen.

Jeder weiß: Wenn man neue und ungewohnte Kleidung anlegt, muss man sich erst einmal daran gewöhnen. Vielen evangelischen Geistlichen geht es so, wenn sie zum ersten Mal eine Albe mit Stola anlegen und bisher an den Talar gewöhnt sind. Sie fragen sich: Was drückt meine Kleidung jetzt aus? Und was sagt sie über mich?

Die Albe bezeichnet das Taufkleid. Bei manchen Taufen auch in evangelischen Kirchen wird dem neugetauften Kind ein Taufschleier, das sogenannte Westerhemd, umgelegt oder erst nach der Taufe das weiße Taufkleid angelegt. Es symbolisiert den neuen Menschen im Glauben. Darum ist es für den Gottesdienstleitenden das erste Gewand, das er über seiner Zivilkleidung anlegt:

- Die *Albe* ist das Zeichen seiner Taufe (z. B. Offb 7,13 f.) und das Zeichen dafür, dass auch er ein Glaubender des allgemeinen Priestertums ist (1 Petr 2,9). Dieses Gewand kann also jeder Getaufte tragen.
- Wenn anschließend eine *Stola* auf die Albe gelegt wird, ist das ein Zeichen dafür, dass ihr Träger mit der öffentlichen Wortverkündigung und der Sakramentsverwaltung beauftragt ist, also eine ordinierte Person ist (Mt 11,29 f.).
- Und sollte darüber noch eine *Kasel* angezogen werden, so ist sie ein Zeichen dafür, dass diese ordinierte Person als Leiter der Abendmahls- bzw. der Eucharistiefeier Christus, den neuen Menschen (Eph 4,23 f.) angezogen hat – schließlich wird mit der Eucharistie- bzw. Abendmahlsfeier die Gegenwart Christi in besonderer Weise gefeiert.

Mit Stola und gegebenenfalls Kasel kommen auch die liturgischen Farben zum Zuge, die schon mit den Paramenten an Altar und Kanzel ihren Ort haben. In der Regel finden sich die Paramente, die am Altar und an der Kanzel oder am Ambo angebracht werden, in einem Schrank in der Sakristei.

Grundlegend gelten vier Farben: weiß für alle Christusfeste (z. B. Weihnachten, Ostern), rot für alle Bekenntnistage (Pfingsten, Konfirmation), violett für die Bußzeiten (z. B. Advents- und Passionszeit, Buß- und Bettag), grün für die ungeprägten Zeiten (z. B. die vielen Sonntage nach Trinitatis). In manchen Paramentenschränken findet sich auch ein schwarzes Parament, das den genauen Gegensatz zum weißen Parament darstellt: Es wird an Karfreitag, zur Bestattung oder zum Totengedenken verwendet. In kaum einer Sakristei fand ich ein rosa Parament, das am 4. Adventssonntag und an Lätare aufgelegt werden kann. Wenn man eine Stola anlegt, sollte man darauf achten, dass die Farbe der Stola und die Farbe der Paramente übereinstimmen.

Kleidung zieht man je nach Funktionen, je nach Kontext an. Aber das allein reicht noch nicht zum rechten Kleiden aus: Die, die mich in dieser (liturgischen) Kleidung sehen, müssen mit den damit ausgesendeten Zeichen auch umgehen können, sie sollen den Kleidern auch die gewollte Bedeutung beilegen können. Sonst wird der evangelische Pfarrer in Albe mit Stola schnell einmal verdächtigt, er sei wohl dabei, zu konvertieren oder gar die evangelische Kirche zu verraten. Wer solche Befürchtungen äußert, hat gelernt, den Maßstab der Einheitlichkeit und des Imagedenkens zu Grunde zu legen, und ist wahrscheinlich mit der geistlichen Bedeutung der liturgischen Kleidung nicht vertraut (gemacht worden). Wenn also solche Veränderungen in der Kleidung auf Grund der sich verändernden Gottesdienstpraxis in einer Gemeinde anstehen, dann sind liturgiedidaktische Vorbereitungsschritte sicher hilfreicher als ein überfallartiger Auftritt in ungewohnter Kleidung.

Zum Schluss noch ein Wort zum Kollarhemd, dem Stehkragenhemd ohne Krawatte, aber mit einem weißen Einlegestück: Das Kollarhemd ist kein liturgisches Kleidungsstück, sondern ein Standeszeichen für ordinierte Personen. Es kann immer dann in der Öffentlichkeit getragen werden, wenn der Pfarrer – siehe oben – zur Betriebseröffnung, zum Empfang etc. eingeladen wird und viele Personen beieinander sind, die ihn nicht kennen. Als Pfarrer, als Vertreter der Kirche macht er somit auf sich und auf die Kirche aufmerksam – im Zeitalter der Medien ein Stück aktive Öffentlichkeitsarbeit. Und übrigens: Pfarrerinnen können auch ein Kollarhemd anziehen. Eine weibliche oder männliche Form des Kragens gibt es nicht, ein Kollarhemd für Frauen dagegen kann man mittlerweile kaufen.

Testen Sie sich selbst

⊕ Reflektieren Sie Ihr eigenes Verhältnis zu Kleidung und Mode: Was tragen Sie wann und was bedeutet das für Sie? Was sagt das über Sie aus?

⊕ Diskutieren Sie Sinn und Bedeutung liturgischer Kleidung.

⊕ Wie ist die Kleiderfrage in Ihrer Kirche geregelt?

⊕ Nennen Sie die Bedeutungen unterschiedlicher liturgischer Kleidungen und des Talars.

⊕ Nehmen Sie Ihren selbst gezeichneten und beschrifteten Kirchenjahreskreis wieder vor und versehen Sie ihn mit den liturgischen Farben.

Es ist immer eine spannende Sache zu erfahren, was »man« im Gottesdienst darf oder nicht – davon ist nicht nur die Kleidung, sondern auch die Moderation betroffen. Darf man wie ein Entertainer im Gottesdienst moderieren? Antwort: wie ein Entertainer wohl nicht, aber moderieren muss man. Hat man auch schon immer getan – siehe Abendmahl!

15 Moderation im Gottesdienst?

Darf der Liturg, darf die Liturgin im Gottesdienst moderieren? Gerät der moderierte Gottesdienst nicht zu einer Show und wird der Pfarrer zum Entertainer, der es versteht, gekonnt von einem Programmpunkt zum nächsten zu führen, alles zu erklären und die Leute bei Laune zu halten – Spaßeffekte und Wohlfühleinlagen inbegriffen?

Ganz von der Hand zu weisen sind solche Gefahren nicht, aber dass es bei der heutigen Vielfalt von Gottesdienstformen überhaupt noch möglich sein kann, einen Gottesdienst sinnvoll zu feiern und dabei ohne eine gewisse Moderation auszukommen, ist ernsthaft zu bezweifeln.

Man darf auch nicht übersehen, dass selbst in den hochkirchlichsten Liturgien in einem geringen Maß moderierende Elemente enthalten sind: Schon allein die Aufforderung »Lasst uns beten« ist im Grunde eine Moderation! Ähnlich auch die Aufforderungen zum Abendmahlsgebet: »Erhebt eure Herzen!« Und die Gemeinde reagiert, wenn auch nicht mit Applaus, so doch mit dem Satz: »Wir haben sie beim Herrn!« Weiter geht die Moderation: »Lasst uns danken, dem Herrn, unserem Gott!« Wieder Zustimmung: »Das ist würdig und recht.« Damit ist der Konsens zwischen Liturg und Gemeinde hergestellt, nun kann gemeinsam gebetet werden.

Und dieses Ergebnis ist relevant: Ohne gemeinsames Gebet ist das Abendmahl kein Abendmahl – der Liturg soll eben nicht allein beten und die Gemeinde soll nicht abwarten, bis endlich Brot und Wein ausgeteilt werden. Der Liturg ist kein Entertainer, der dem Publikum etwas vormacht, sondern er soll der Gemeinde ermöglichen, mitzufeiern, damit sie selbst feiert und nicht nur der Feier beiwohnt. So ist es evangelisches Gottesdienstverständnis: Der Gottesdienst wird von der ganzen Gemeinde gefeiert und nicht vom Liturgen vorgemacht.

Eigentlich eine Selbstverständlichkeit – und doch immer weniger möglich. Dafür gibt es viele Gründe, die man so zusammenfassen kann: Die traditionelle Gottesdienstkultur ist im Schwinden begriffen und wandelt sich zusehends. Immer weniger Christen sind in der Lage, aus eigener Kenntnis und Kompetenz eine Liturgie zu feiern. Das hat sowohl mit der Pluriformität von Liturgien zu tun, die kaum jemand – Pfarrer oder Gemeindemitglieder – überblicken kann, geschweige denn als selbstständiges, selbstbewusstes Mitglied noch ohne Anleitung feiern könnte. Das Problem betrifft nicht nur den Sonntagsgottesdienst, sondern auch die Kasualien. Wenn also ein Gottesdienst nicht zu einer Ein-Mann-Show verkommen soll, ist Moderation ein Versuch, diese Entwicklung abzuwehren.

Ein anderer, älterer Versuch ist, die liturgischen Elemente vor dem Gebrauch zu erklären, zum Teil sogar noch mit historischen Herleitungen! Aber die Vorgehensweise scheint mir aus der Mode gekommen zu sein – hat doch so mancher Liturg erfahren müssen, dass dadurch die Feierkompetenz der Gemeinde nicht besser wurde. Und er hat darüber die Erkenntnis gewonnen, dass historische Herleitungen für den heutigen Gebrauch wenig erklären und kaum dazu beitragen, die Bedeutung zu erschließen, die ein liturgisches Element im Heute und Jetzt haben kann. Ganz zu schweigen von der Problematik, dass liturgische Elemente nicht nur eine, sondern vielfältige Bedeutungen haben, die sich wiederum gern je und je im Kontext mit anderen liturgischen Elementen zu entfalten belieben! Die Bedeutungsgenerierung von liturgischen Elementen hat der Liturg nämlich gar nicht so sicher in der Hand, wie er vielleicht zu denken scheint!

Doch ehe die liturgischen Elemente in die Bedeutungslosigkeit versinken und die Gottesdienstgemeinde gar nicht mehr weiß, um was es gerade eben eigentlich gehen soll, kann eine geschickte Moderation hilfreich sein, das Mitfeiern zu ermöglichen, wenn nicht sogar zu eröffnen. Dabei kann es dem Liturgen nicht darum gehen, eine Liturgie möglichst korrekt durchzuführen, sondern es soll darum gehen, die Liturgie so in Gebrauch zu nehmen, dass eine gemeinsame Feier entsteht.

Es geht nicht darum, eine »Metaebene« einzunehmen, um sozusagen von oben herab zu erklären, was jetzt zu tun und zu lassen ist, sondern der Liturg soll auf ein und derselben Kommunikationsebene mit den Gottesdienstteilnehmenden bleiben und sie zum Gebet oder zur Schriftlesung hinführen.

Beispiel
Ist das Brautpaar eingezogen und sind die Orgelklänge verklungen, wird der Liturg die Gottesdienstgemeinde begrüßen – auch das ist Moderation – und wird den Anlass hervorheben, aber nicht belehrend und erklärend, denn allen ist es völlig klar, warum sie heute in der Kirche sind. Stattdessen wird die Bedeutung des Anlasses betont: Das Brautpaar will vor Gott und der Gemeinde die Ehe schließen und bittet um Gottes Segen für die Ehe. Die Gemeinde will für das Brautpaar beten und alle gemeinsam wollen von Gottes gutem Willen für die Brautleute hören. Es ist also nicht dran zu erklären, was ein Segen oder ein Gebet ist, sondern für den Segen werden die Beziehungen zwischen Gott und Menschen hervorgehoben oder die Beziehungen der Menschen untereinander, wenn es um das Gebet für die Brautleute geht. Auch die Lieder können in diese Moderation einbezogen werden, wenn sie dementsprechend ausgewählt worden sind. Denn Lieder sind keine Musikeinlagen zur Auflockerung der Liturgie, sondern sie können Gebete sein oder sie führen das Eheleben vor Augen. Sie können Hoffnungen, Wünsche oder Eheerfahrungen ausdrücken.

Ist durch solch eine Moderation erst einmal eine Beziehung hergestellt, dann wird es den Anwesenden schwerfallen, das Gesangbuch nicht aufzuschlagen und nicht mitzusingen oder wenigstens mitzulesen und somit innerlich dabei zu sein. Ist keine Beziehung hergestellt worden und der Sinn des Mitsingens nicht deutlich geworden, besteht auch kein Grund, jetzt mitzumachen. Dann wartet man lieber ab und schaut zu, was sonst noch geboten wird. Denn nicht nur der Liturg kann eine Metaebene des Vormachens einnehmen, sondern auch die Gottesdienstteilnehmenden können sich in eine Beobachterrolle außerhalb des Gottesdienstgeschehens begeben. Das Ergebnis ist vorprogrammiert: Der Gottesdienst wird langweilig, denn man ist daran nicht beteiligt, weil keine Beziehungen hergestellt worden sind. Ein Gottesdienst ist eigentlich ein lebendiges Geschehen – und das ganz von sich aus. Es ist aber möglich, ihm das Leben zu nehmen, wenn man sich der Mitfeier entzieht: Das gilt gleichermaßen für den Liturgen wie für die Gemeinde.

Vom Liturgen verlangt eine Kasualie liturgische Höchstleistungen. Denn er wird unter Umständen außer dem Brautpaar kaum weitere Teilnehmende kennen. So ist es ihm im Vorhinein schwer möglich, solche Moderationen zur Herstellung von Beziehungen schriftlich vorzubereiten und in den Gottesdienst mitzubringen. Im Gegenteil: Er muss die anwesenden Menschen aufmerksam wahrnehmen, um entscheiden zu können, wie er sie richtig ansprechen kann. Es ist wichtig zu wissen bzw. schnell zu erfassen, in welchem Milieu die Anwesenden vornehmlich leben. Denn mit diesem Lebenshintergrund werden sie den Gottesdienst zu feiern versuchen und der Liturg ist gut beraten, seine Sprache darauf einzustellen.

Das muss keine Anbiederung sein, aber sollte verhindern, dass der Liturg sich in theologische oder liturgische Sphären begibt, die für die Teilnehmenden nicht mehr zugänglich sind. Sonst wird man an Stelle von einer Beziehungsarbeit schnell einen Beziehungsabbruch feststellen.

Zu einer Beziehung gehören immer zwei Pole, in diesem Fall: Liturg und Gemeinde, zwischen denen sich etwas ereignet. Sie spiegelt sich in der Atmosphäre wider, denn die Atmosphäre im Gottesdienst ist nicht vorherbestimmt und wird sich sicherlich im Verlauf ändern – auch darauf ist einzugehen, um den richtigen Ton zu treffen. Denn eine Liturgie entwickelt sich, wird fortgeschrieben, wird gar zu einem Ereignis, das einmalig ist. Das wird sie auch dann, wenn der Liturg in jedem Traugottesdienst dieselben Gebete, Lieder und Lesungen verwenden sollte. Denn erst die Art, wie sie gebraucht werden, wird entscheiden, welche Bedeutungen die liturgischen Elemente für die Gottesdienstteilnehmenden gewinnen.

Die Moderation ist ein Hilfsmittel, um den Gottesdienst lebendig werden zu lassen. Natürlich wäre es jedem Liturgen lieber, wenn keine Moderation nötig wäre: Dann würden die Lieder, Gebete, Lesungen, die Predigt und der Segen für sich und aus sich selbst erklärlich und nachvollziehbar, ja feierbar sein. Das wäre der Idealfall, wie er in den Agenden festgehalten ist.

Auch lässt sich eines kaum abstreiten: Jede Moderation verlagert den Schwerpunkt des Gottesdienstes auf den Moderierenden selbst; die Feiernden sind und werden – auch unbewusst – abhängig von seiner Moderation. Seine Versuche, Beziehungen herzustellen, zeigen einen Weg und leiten dazu an, diesen Weg zu betreten. Die Selbstständigkeit der feiernden Gemeinde wird dadurch nicht gefördert. Eigene, aus sich selbst und aus eigener Kompetenz hergestellte Beziehungen können nur noch schwer realisiert werden. Aber eine Liturgie, die die Gemeinde feiert, ist eigentlich ein selbstverantwortliches und selbstständiges Feiern: Dann bedarf es keiner Moderation zum Gebet oder zum Lied, zur Predigt oder zur Schriftlesung, weil die Beziehungen und die Bedeutungen bekannt sind und klar auf der Hand liegen.

Bei fehlender Kenntnis und Erfahrung der Gemeinde weiß eine gute Moderation diese Beziehungen herauszustellen und wird sich dabei an der Liturgie selbst orientieren. Das setzt allerdings einen kenntnisreichen Liturgen voraus: Er weiß um die Bedeutung, auch die historische Bedeutung der zu begehenden liturgischen Elemente und kann sie jeweils in der spezifischen Situation nicht belehrend, sondern einladend und Beziehung stiftend hervorheben. Hat der Liturg aber keine liturgiehistorischen, liturgiesystematischen und liturgiepraktischen, also im Ganzen liturgietheologischen Kenntnisse, wird seine Moderation wohl aus der Liturgie ein Entertainment machen (müssen). Der Gottesdienst wird zur Mitspielshow. Dann sind die grundlegenden Beziehungen der Menschen untereinander und ihre Beziehungen zu Gott wiederum vergessen, ja, auch die von Gott im Glauben aufgenommene Beziehung zu den Gottesdienstteilnehmenden. Dann ist der eigentliche Schatz und die Chance jeder guten Liturgie vertan: das Evangelium im Hören des befreienden Wortes Gottes zu kommunizieren und darauf unser menschliches Loben und Danken erklingen zu lassen. Doch jeder Liturg wird letzten Endes den Wunsch und das Ziel haben, dass alle Gottesdienstteilnehmenden diesen Gottesdienst in guter Erinnerung haben: Gott ist uns mit seinem guten Willen ganz nahe gewesen.

 Testen Sie sich selbst

⊕ Finden Sie Kriterien für einen förderlichen Umgang mit Moderation im Gottesdienst.

Um grundlegende Beziehungen geht es auch bei der Abendmahlsfeier. Und darum, wie diese Beziehungen aufgefasst werden. Abendmahlsgebet und Eucharistiegebet sind nicht einfach ein und dasselbe. Das nächste Kapitel versucht sich in einer Beziehungsklärung.

16 Abendmahlsgebet – Eucharistiegebet

Als der Vorentwurf zur Erneuerten Agende 1990 erschienen war und zur Erprobung freigegeben wurde, um eine breite Diskussion darüber zu eröffnen, die schließlich 1999 zum Evangelischen Gottesdienstbuch führte, gab es mehrere große und allerhand kleine Auseinandersetzungen um diese Fortschreibung oder Ersetzung der alten Agende I von 1955 und der unierten Agende I von 1959. Einen heftigen Streit hat es um die Eucharistiegebete gegeben, die – so manche Stimmen – nicht in eine evangelische Agende gehörten. Dies sei ein Novum und eigentlich seien die Eucharistiegebete gleich jenem Messopfergebet, das schon Luther und mit ihm alle Reformatoren strikt abgelehnt haben. Zwar habe das Zweite Vatikanische Konzil das Messopfer abgeschafft, aber gleichwohl seien in den Gebetstexten, die in der römisch-katholischen Kirche nun Eucharistiegebete heißen, immer noch Aussagen enthalten, die an das Messopfer erinnern. Und das erste Eucharistiegebet im neuen katholischen Messbuch von 1970/1975 sei immer noch das alte Messopfergebet, der Canon Romanus, den schon Luther abgelehnt habe. Sollten Eucharistiegebete in die neue evangelische Agende aufgenommen werden, werde die reformatorische Theologie verraten!

Diese Kritik ist nicht völlig unberechtigt. Zwar wurde das Verständnis des Messopfers als Wiederholung des Kreuzesopfers Jesu, das mit der Messfeier auf dem Altar unblutig wiederholt und Gott als Opfer dargebracht wird, auch vom Konzil abgelehnt. Auch wurde die gottesdienstliche Feier von einem Priestergottesdienst auf eine gemeinsame Feier aller Glaubenden unter Leitung eines Priesters umgestellt, auch wurden neue Eucharistiegebete formuliert oder alte aus der Zeit der Alten Kirche übernommen. Gleichwohl hat die Kritik recht mit ihrem Hinweis, dass die Ablehnung eines Verständnisses auch einhergehen muss mit der Umformulierung von Gebetstexten. Das eine existiert nicht ohne das andere bzw. das eine ist nur dann wirklich überwunden, wenn auch solche falschen Formulierungen oder Gestaltungen von Gebeten zur Sakramentsfeier überwunden werden. Da sehen allerdings auch manche römisch-katholische Theologen noch Nachholbedarf.

Luther und die anderen Reformatoren hatten zu Recht gesehen, dass das Wort Gottes und Brot und Wein bzw. Leib und Blut Christi Gaben sind, die Gott uns schenkt. Es sind also keine Gaben, die wir Menschen Gott schenken bzw. opfern – gar noch aufopfern zu unserem Heil. Darum wird auch das Abendmahl als ein Akt der Verkündigung verstanden, weil Gott in diesem Akt an uns Menschen zu unserem Heil wirkt. Zu diesem Heilswirken können wir nichts beitragen, wir bekommen es geschenkt.

Wesentliche Streitpunkte in der Auseinandersetzung um Aufnahme von Eucharistiegebeten in die neue evangelische Agende waren das Verständnis der Einsetzungsworte und die Bedeutung des Dankes in diesen Eucharistiegebeten. Denn das griechische *eucharistein* bedeutet danken. Wenn das ganze Gebet, das ja vom Menschen an Gott gerichtet ist, ein Dank ist – wo bleibt da die Verkündigung? Nämlich jene Verdeutlichung, dass Gott uns diese Gaben schenkt? Wird diese Gabe, ihr Herkommen von Gott als Geschenk mit dem Dank nicht verdunkelt? Schnell ist vor lauter Dankgebet der Gabecharakter des Abendmahls wieder vergessen und ehe man sich versieht, ist man wieder beim Messopfergebet angekommen!

Diese Bedenken müssen ernst genommen werden. Denn sie stellen vor die nicht leichte Aufgabe, den Text des Eucharistiegebets so zu formulieren, dass er mit der reformatorischen Lehre übereinstimmt. Und ich bezweifele, dass dies mit den im Vorentwurf vorgeschlagenen Texten wirklich immer geglückt ist. Dass aber Danken, Loben und Gott Verehren beim Abendmahl nichts verloren haben, ist eine Extremposition, die jegliche Reaktion des Menschen auf Gottes heilvolles Handeln bereits als Gefahr für den wahren Glauben ansieht. Schauen wir aber auf Luthers Vorschläge zu einer erneuerten Abendmahlsliturgie, die keine Darbringung des Messopfers mehr sein will, so werden wir das Danken darin fest verankert finden.

Luther hat den Canon Romanus vorgefunden, das einzige Gebet der mittelalterlichen lateinisch-westlichen Kirche, mit dem das Altarsakrament gefeiert wurde. Es begann, wie wir es auch kennen, mit dem Präfationsdialog: »Der Herr sei mit euch – Und mit deinem Geist« usw. Es schloss sich ein kurzer Text des Dankens und Lobens an, um dann das Sanctus mit Benedictus zu singen, wie wir es ebenso bis heute kennen. Diesen Dank- und Lobteil hat Luther nicht abgeschafft. Aber was daran anschließend im Canon Romanus folgte, hat Luther komplett verworfen. Es waren Bitten, die um die Einsetzungsworte gelagert waren, weil man hoffte, dass diese Bitten durch die Wandlung der Gaben erhört werden; ja, man hoffte sogar, dass jene Bitten, die dicht an die Einsetzungsworte herangerückt waren, in Sonderheit erhört würden. Denn nun wurden ja die gewandelten Gaben, der Leib und das Blut Christi, Gott als Opfer dargebracht. Nun sei Gott mit den Menschen versöhnt und der Mensch dürfe hoffen, dass Gott auch seine Bitten erhören werde.

Was hat Luther also neu geordnet? Die Abendmahlsfeier wird mit dem Präfationsdialog eröffnet, um dann fortzusetzen: »Wahrhaft würdig und recht, billig und heilsam ist es, dass wir dir immer und überall Dank sagen, heiliger Herr, allmächtiger Vater, ewiger Gott, durch Christus, unseren Herrn.«[1] Auf diesen Dank folgt eine angemessene Pause, wie Luther sich ausdrückt, die man als Gebetsstille auffassen kann; danach folgen die Einsetzungsworte. Sie sollen gesungen werden mit dem Orationston des Vaterunsers. Wenn die Segnung – so bezeichnet Luther die Rezitation der Einsetzungsworte – beendet ist,

---

1   Luther hat in seiner Gottesdienstschrift *Formula missae et communionis* von 1523 die lateinische Sprache vorgesehen; hier meine deutsche Übersetzung in: Martin Luther. Lateinisch-Deutsche Studienausgabe, Bd. 3, Leipzig 2009, 661.

soll das Sanctus mit Benedictus gesungen werden. Nun wird also Gott wieder gelobt und geehrt.

Nach dem Sanctus folgen das Vaterunser, der Friedensgruß, dem schließt sich die Kommunion an, die mit dem Gesang des Agnus Dei begonnen wird. Ist die Kommunion beendet, wird als Abschluss der Feier ein Dankgebet gesprochen. Man kann also nicht behaupten, dass das Danken unterblieben wäre oder dass Luther darin eine Gefahr gesehen hat, dass die Gabe Gottes an uns durch das Danken und Loben verdunkelt würde.

Auch seine zweite Gottesdienstschrift von 1526, die Deutsche Messe, hat das Danken nicht abgeschafft, selbst wenn hier die Ordnung zur Abendmahlsfeier ganz anders aussieht: Nach der Predigt kommt eine Vaterunserparaphrase, dann eine Abendmahlsvermahnung. Anschließend wird von den Einsetzungsworten nur das Brotwort rezitiert, und zwar soll es im Evangelienton gesungen werden, um dann sofort das Brot an die Kommunikanten auszuteilen. Während dieser Austeilung soll man das deutsche Sanctus singen, und darauf noch weitere Lieder; Luther schlägt vor: Gott sei gelobet, und: Jesus Christus, unser Heiland. Sowohl beim Sanctus als auch mit diesen beiden Liedern wird deutlich, dass das Lob nicht vor oder nach der Kommunion, sondern während der Kommunion laut werden soll: Während Jesus Christus sich als Gabe in Brot und Wein den Glaubenden schenkt, was mit dem Evangelienton unterstrichen wird – da ja im Evangelium Christus selbst zu uns spricht –, danken und loben sie ihn zugleich.

Ist dieser Kommuniongang beendet, wird daraufhin das Kelchwort ebenfalls im Evangelienton gesungen, und auch hier wird sofort der Kelch an die Kommunikanten ausgeteilt. Luther schlägt vor, dass dazu das Agnus Dei gesungen wird, und von den oben genannten Liedern sollen jene gesungen werden, die bisher noch nicht gesungen wurden. Ist auch dieser Kommuniongang beendet, der genauso wie der vorhergehende mit Dank und Lob gestaltet ist, wird das Dankgebet als Abschluss der Sakramentsfeier gebetet. Selbst die Elevation – das Hochheben von Brot und Wein – hat Luther beibehalten und versteht sie als eine Parallele zum Sanctus: Damit wird Gott gelobt und geehrt.

Es ist die Liturgische Bewegung des 20. Jahrhunderts gewesen, die das Eucharistiegebet, wie es in der Alten Kirche üblich war, wieder entdeckt und fruchtbar gemacht hat für den evangelischen wie für den römisch-katholischen Gottesdienst. So mancher Kritiker in den 1990er Jahren hatte wohl vergessen, dass schon die alte lutherische Agende I von 1955 ein Eucharistiegebet enthielt. Es firmiert unter der Form B, während Form A auf Luther und Bugenhagen zurückgeht. Bugenhagen hatte aus den beiden Lutherschriften eine Abendmahlsordnung verfasst, die in zahlreiche Kirchenordnungen eingegangen ist.

Trotz allem blieb das Verständnis der Einsetzungsworte umstritten: Können sie als Gebetsteil in das Eucharistiegebet integriert werden, wie es die alten Eucharistiegebete nahelegen, oder muss das Gebet unterbrochen werden, damit die Einsetzungsworte als Christi eigene Worte an die Gemeinde, d. h. als ein Akt der Verkündigung zu Gehör kommen können? Dann wird nach der Verkündigung der Einsetzungsworte das Gebet fortgeführt. Dafür hat man sich im Evangelischen Gottesdienstbuch entschieden. Damit soll deutlich bleiben, dass Christus sich uns schenkt – aber viel deutlicher wird es immer noch dadurch, dass Brot und Wein als Leib und Blut Christi ausgeteilt werden und dass die Lob-, Dank- und Verehrungslieder genau dieses singend aussagen: Christus schenkt sich uns!

Wer das liturgische Erbe der Alten Kirche nicht aufnehmen will oder den Eucharistiegebetstexten des Evangelischen Gottesdienstbuches nicht traut, kann nach wie vor die lutherische Variante der Abendmahlsfeier vollziehen, wie sie in der Agende I von 1955 als Form A vorgesehen wurde. Das Evangelische Gottesdienstbuch gibt jetzt dem Eucharistiegebet den Vorzug, die lutherische Variante findet sich darin aber ebenso (EGb 121–129).

Testen Sie sich selbst

⊖ Formulieren Sie Ihre Abendmahlstheologie. Formulieren Sie Abendmahlstheologien, die Sie wenig akzeptabel finden.

⊖ Warum haben sich die Reformatoren gegen das Messopfer ausgesprochen und was haben sie an seine Stelle gesetzt? Wie ist das liturgisch konkretisiert worden?

⊖ Stellen Sie aus dem reichen Textangeboten des Gottesdienstbuches einen vollständigen Abendmahlsverlauf zusammen.

⊖ Können Sie die Präfationsversikel und die Einsetzungsworte auswendig?

Und die Auseinandersetzungen gehen noch weiter: Muss man immer das traurige »Christe, du Lamm Gottes« singen? Könnte die Abendmahlsfeier nicht doch etwas fröhlicher sein? Könnte man das Agnus Dei nicht auch einfach weglassen? Wer darauf eine Antwort will, sollte das nächste Kapitel nicht auslassen.

17 Christe, du Lamm Gottes – muss man das immer singen?

Manchmal höre ich die Anfrage von Gemeindegliedern wie von Liturgen – manchmal ist sie sogar als Klage formuliert –, warum man denn nach dem Abendmahlsgebet und vor Beginn der Kommunion das »Christe, du Lamm Gottes«, das »Agnus Dei« singen muss. Kann man es nicht weglassen? Es wird insbesondere dann als störend empfunden, wenn ein freudiges Abendmahl gefeiert wird. Denn durch das Singen des Agnus Dei kommt die typische Sündenstimmung wieder auf!

Die Antwort darauf ist ganz klar: Das Agnus Dei muss nicht unbedingt gesungen werden. Aber es wird wohl beachtet werden müssen, dass das Agnus Dei ganz fest im Bewusstsein der Gemeinden verankert ist. Viele Gemeindemitglieder haben das Gefühl, es fehlt etwas, wenn dieser Gesang ausgeblieben ist, ja, sie sehen gar diese Abendmahlsfeier als irgendwie nicht ganz gültig an.

Um es kurz und bündig aus der Liturgiegeschichte zu erklären: Das Agnus Dei war über lange Zeit hin der erste Gesang während der Kommunion und nicht der letzte vor dem Beginn der Kommunion. Es war sozusagen das Startsignal, dass nun die Glaubenden an den Altar treten konnten, um das Abendmahl zu empfangen, während die anderen, die später kommunizieren wollten, noch an ihren Plätzen blieben und in den Gesang einstimmten. Und wenn das Agnus Dei gesungen worden war, wurden weitere Lieder angestimmt. Ja, es wurden während der gesamten Kommunionzeit Lieder gesungen! In welcher Gemeinde wird heute noch während der Kommunion gesungen – hat nicht vielmehr die Orgel diesen Part übernommen und spielt »Hintergrundmusik« oder bestenfalls konzertante Musik?

Dieser Umstand hat sicherlich viele Gründe, auch nahe liegende Gründe. Als Verlust ist allerdings zu beklagen, dass aus dem Bewusstsein verschwunden ist, dass die Kommunion letztlich ein Gebetsakt ist. Betend tritt der Kommunizierende zum Altar und empfängt Leib und Blut Christi: Dank, Lob und Preis sind hier die richtigen Gebetsinhalte, die die Gemeinde während der Kommunion – auch stellvertretend für die gerade Kommunizierenden – zum Ausdruck bringt. (Vielmehr kann man heutzutage erfahren, dass so manche Glaubenden in »zeitgemäßer« Konsumhaltung zum Altar treten und sich nett bedienen lassen. Ist das Brot – Christ Leib für dich gegeben – überreicht, kann man ein »Dankeschön, Herr Pfarrer« hören, anstatt eines betenden »Amen«, wie es auf diesen Zuspruch hin angemessener wäre.)

Die Liturgiegeschichte zeigt, wie verschieden das Agnus Dei verwendet wurde. Interessanterweise wurde es in der anglikanischen Liturgie seit 1662 überhaupt nicht verwendet. Erst ihre letzte Erneuerung aus dem Jahr 2000 (Common Worship. Services and Prayers for the Church of England) bietet zum ersten Mal seit der Reformation das Agnus Dei fakultativ an!

Papst Sergius I (687–701) hatte das Agnus Dei in die römische Liturgie eingeführt. Es wurde während der Brechung des Brotes – damals gab es noch keine Hostien oder vorbereitete Brotwürfel, sondern Brotlaibe auf dem Altar – gesungen, und zwar vom Klerus und vom Volk gemeinsam. So ist das Agnus Dei als ein Gesang zur Brotbrechung verstanden worden und die Brotbrechung als Zeichen für den gebrochenen, gekreuzigten Leib Christi am Kreuz, der ja die Sünde der Welt hinwegnimmt.

Als später die Brotlaibe durch Hostien ersetzt worden waren, wurde nur eine Hostie als Symbol für alle Hostien gebrochen; nach dieser Brechung kommunizierte zunächst der Priester, dann erst das Volk. So ist das Agnus Dei zum begleitenden Gesang für die Brechung der Hostie und die Kommunion des Priesters geworden und wurde auf ein dreifaches Singen beschränkt. Im Mittelalter gab man sich zugleich auch den

Friedensgruß, entsprechend wurde bei der dritten Wiederholung des Rufes eine Friedensbitte eingefügt. Das heutige römisch-katholische Messbuch versteht das Agnus Dei als Brechungsgesang, da der Priester während des Singens zumindest eine Hostie bricht; werden viele Hostien gebrochen, so kann das Agnus Dei auch öfters wiederholt werden.

Luther hat sich in seiner Schrift zum Gottesdienst »Formula missae« von 1523 gegen die Brechung der Hostie ausgesprochen, aber er hat es als selbstverständlich angesehen, dass der Liturg zunächst kommuniziert und danach das Volk; Luther übernimmt auch, dass zunächst das Agnus Dei und dann weitere Lieder gesungen werden sollen. Auf diese Weise wird das Agnus Dei zu einem ausschließlich die Kommunion begleitenden Gesang, weil ja die Brechung nicht mehr erfolgte. Diese Form hat Luther auch in seiner weiteren Gottesdienstschrift »Deutsche Messe« von 1526 beibehalten, allerdings wird das Agnus Dei nun in deutscher Sprache gesungen. Und diese Fassung singen wir bis auf den heutigen Tag.

Die meisten reformatorischen Gottesdienstordnungen nehmen diesen Gebrauch des Agnus Dei auf. Die preußische Agende von 1895 lässt noch nach dem Agnus Dei den Friedensgruß folgen. Nach dem Friedensgruß wird eine gesonderte Einladung zur Kommunion ausgesprochen: »Kommt, denn es ist alles bereit. Sehet und schmecket, wie freundlich der Herr ist!« Durch diese Anordnung wird ganz deutlich, dass das Agnus Dei nun nicht mehr als ein Kommunion begleitender Gesang verstanden wird, denn die Kommunion folgt erst nach dem Friedensgruß. Entsprechend muss nun die besondere Einladung – als Startsignal – zur Kommunion ausgesprochen werden. Das Agnus Dei wird also nun als ein Anbetungsgesang verstanden, der von allen gesungen wird, auch von dem Liturgen, vielleicht sogar in Hinwendung zum Altar. Das heißt, der Liturg kehrt der Gemeinde den Rücken zu, steht mit ihr in derselben Richtung zum Altar hin und macht deutlich, dass er mit ihr anbetend singt.

Dagegen blieb die lutherische Agende von 1955 dabei, dass das Agnus Dei der erste Gesang während der Kommunion ist –

aber ob das wirklich so praktiziert worden ist, ist eine andere Frage! Die unierte Agende von 1959 hingegen nimmt die Tradition von 1895 auf. Im neuen Evangelischen Gottesdienstbuch von 1999, der gemeinsamen Agende lutherischer und unierter Kirchen, ist diese Frage nicht eindeutig entschieden worden. Die Einladung zur Kommunion (Kommt, denn es ist alles bereit, …) wird als fakultativ gekennzeichnet. Der Friedensgruß wird vor dem Agnus Dei gegeben, sodass es möglich ist, mit diesem Gesang die Kommunion zu beginnen.

Auf diese Weise können dem Agnus Dei drei unterschiedliche Bedeutungen beigelegt werden, je nachdem, wie es im Gottesdienstverlauf verwendet wird: als Brechungsgesang, als die Kommunion begleitender Gesang oder als Anbetungsgesang.

Wobei diese drei Bedeutungen nicht als sich ausschließende, sondern eher als einander überlappende Bedeutungen zu verstehen sind. Das heißt für den konkreten Vollzug der Abendmahlsfeier, dass mit Platzierung des Agnus Dei im Verlauf der Liturgie und mit den zur gleichen Zeit durchgeführten Handlungen über die hier verwendete Bedeutung des Agnus Dei entschieden wird. So hat das Agnus Dei keine von vornherein festgelegte Bedeutung, sondern es erhält seine Bedeutung je nach der Verwendung im Verlauf der Liturgie.

Dazu trägt natürlich auch der Text des Agnus Dei bei. Er nimmt die Aussage von Johannes dem Täufer auf: »Siehe, das ist Gottes Lamm, das der Welt Sünde trägt« (Joh 1,29). Sie spielt auf Jesaja 53,7 an: »Als er gemartert ward, litt er doch willig und tat seinen Mund nicht auf wie ein Lamm, das zur Schlachtbank geführt wird; und wie ein Schaf, das verstummt vor seinem Scherer, tat er seinen Mund nicht auf.« Der Seher Johannes beobachtet im Thronsaal Gottes, dass das Lamm, wiewohl geschlachtet, doch lebend ist und von den himmlischen Heerscharen angebetet wird als Sieger. Hier wird der erhöhte Christus als Lamm mit Lob und Ehr gepriesen (Offb 5,12f.). Auch an anderen Stellen des NT wird auf das Opferlamm, das Passalamm angespielt, so 1 Petr 1,19 oder 1 Kor 5,7.

Diese Bedeutungsfülle kann unterschiedlich aktualisiert werden, je nachdem, wie man das Agnus Dei im Verlauf der Liturgie platziert und welche weiteren Handlungen während des Gesangs erfolgen. Da in evangelischen Gottesdiensten die Brechung nicht erfolgt – jedenfalls sehen das die Agenden nicht vor –, kann von einem Brechungsgesang nicht die Rede sein. Entsprechend hat Luther das Agnus Dei auch als Verkündigung verstanden, das das Evangelium in nuce zum Ausdruck bringt, wie es dem Kämmerer aus Äthiopien erklärt wird. (Er liest Jes 53,7 – auf diese Stelle spielt ja Johannes der Täufer an – und versteht diese Stelle nicht, so dass Philippus ihm das Evangelium von Jesus Christus erklärt, woraufhin der Kämmerer sich taufen lässt, vgl. Apg 8,30–38.)

Auch als ein Kommunion begleitender Gesang wird das Agnus Dei wohl kaum verwendet werden können, wenn Agenden (wie z. B. Baden) vorsehen, dass nach dem Agnus Dei der Friedensgruß und dann die Einladung zur Kommunion folgen. Hier kann also das Agnus Dei nur als Anbetungsgesang mit verkündigendem Charakter verstanden werden. Wenn der Friedensgruß vor dem Agnus Dei gesungen wird, dann könnte mit dem Agnus-Gesang die Kommunion beginnen, falls man nicht ausschließend in besonderer Weise zur Kommunion einlädt. Auch dann ist der Agnus-Gesang ein Anbetungsgesang mit verkündigendem Charakter.

Die Agenden weisen aber ausdrücklich darauf hin, dass das Agnus Dei nicht immer verwendet werden muss. Je nach Kirchenjahreszeit können Strophen aus dem Gesangbuch gesungen werden: zu Advent z. B. EG 1,5; zu Weihnachten 23,7 oder 36,4; zu Epiphanias 70,4; zu Passion 87,3; zu Ostern 99 oder 102,1; an Pfingsten 133,2. So muss nicht ein dem Feiertag angemessener Inhalt des Abendmahlsgebets – und die damit zugleich hervorgerufene »Stimmung« – durch immer dasselbe als zwanghaft empfundene Agnus Dei konterkariert werden, sondern das Gebet kann mit einer besonderen Liedstrophe aufgegriffen und weitergeführt werden. Und an dieser Stelle während der Liturgie muss der Festtagsgedanke mit seiner besonderen Stimmung nicht abbrechen, vielmehr kann dieser Feiertagscharakter während der Kommunion weitergeführt werden durch Lieder oder konzertante Einsätze von Chor oder Solisten.

So zeigt sich auch an diesem kleinen liturgischen Element des Agnus Dei, was für die Arbeit an der Liturgie generell gilt: Nichts steht isoliert da, vielmehr ist alles aufeinander bezogen und interpretiert sich gegenseitig. Dadurch werden Bedeutungen hervorgebracht, die wir sicherlich rational, aber ebenso auch mental sehr wohl wahrnehmen und die letztlich eine Empfindung, eine Bewertung bewirken oder auch nur zu einer Aussage auf dem Nachhauseweg veranlassen: Der Gottesdienst war stimmig, er hat mir wohlgetan, mein Glaube ist gestärkt worden.

 Testen Sie sich selbst

⊙ Diskutieren Sie verschiedene Formen der Abendmahlsausteilung, die Sie erlebt haben.
⊙ Suchen Sie Lieder aus, die zur Austeilung gesungen werden können.

Für manchen Liturgen stellt sich die Frage, welche Gebete er selbst formulieren soll oder gar muss und welche Gebete er aus der Literatur verwenden soll. Das nächste Kapitel beantwortet auch die Frage nach der Qualität der Gebetstexte.

18 Gebete aus der Literatur – oder eigene Gebete?

Bei »Gebeten aus der Literatur« denkt man vielleicht zuerst an Gebetstexte, die sich in Romanen oder in Lebensbeschreibungen finden lassen. Dann denkt man auch an Gebete, die von geistlichen Persönlichkeiten, wie z. B. Dietrich Bonhoeffer, stammen. Danach fallen einem möglicherweise die vielen Gebetbücher ein, die auf dem Buchmarkt erschienen sind. Auch die Gebete, die in den Agenden stehen, stammen teilweise aus dieser Literatur. Neuere Agenden weisen ein Quellenverzeichnis auf – da kann man sich kundig machen, dass manche Gebete aus älteren Agenden übernommen, andere neu geschrieben und eben einige aus der sogenannten »Literatur« aufgenommen worden sind. Manche Gebete, die für eine Agende neu geschrieben wurden, sind später ihrerseits in die Literatur eingewandert. Und schließlich sind nicht zu vergessen jene vielen Gebete, die in der Bibel stehen und – wenn wir schon den Begriff Literatur verwenden – zur Weltliteratur zählen, weil die Bibel selbst zur Weltliteratur gezählt wird.

Welche großartige Poetik drückt sich in den alttestamentlichen Psalmen, aber auch im Johannesprolog aus! Welch schöne und ergreifende Komposition sind das Magnificat oder das Benedictus! Und welch einen Schatz hat die Kirche mit dem Vaterunser, das laut Agende in keinem Gottesdienst fehlt!

Traut man sich da noch, ein eigenes Gebet zu verfassen und es im Gottesdienst zu verwenden? Die eigenen Gebete müssen nicht hinter den vielfältigen Gebetsvorlagen zurückstehen, so mancher Pfarrer und so manche Pfarrerin hat solch eine schöpferische Sprachkraft, dass Gebete verfasst werden, die an deren Niveau durchaus heranreichen. Denn wer die Gebete der Heiligen Schrift, aus Agenden, aus der umfangreichen Gebetsliteratur kennt und sein Beten daran geschult hat, wird sich dabei Übung und Können verschafft haben, um verantwortlich und auf gutem Niveau selbst ein Gebet für seine Gemeinde zu verfassen und es dann auch im Gottesdienst zu beten.

Aber beim Stichwort »eigenes Gebet« schwingt doch auch der Gedanke an das private, das eigene stille Gebet mit. Nicht jedes Gebet kann oder muss von literarischem Niveau sein. Im stillen Gebet spricht so mancher aus, was ihn bewegt. Er will Gott einfach nur sagen, was ihn freut oder was ihn gekränkt hat, was ihm Hoffnung gegeben hat oder vor welcher Aufgabe er sich fürchtet. Im stillen Zwiegespräch wird mit eigenen Worten ausgesprochen, um was es geht. Da fließen für den Betenden ganz persönlich Inhalt und Form ineinander in der Gewissheit, dass Gott hört und versteht.

Beim öffentlichen Gottesdienst muss der Vorbeter an alle Mitbetenden denken. Er spricht laut aus, was die anderen unhörbar mitvollziehen. Alle wenden sich an Gott. Keinem soll es durch die Form oder durch den Inhalt unmöglich gemacht werden, sich in der Gemeinschaft des Glaubens, eben während eines Gottesdienstes, an Gott zu wenden. Passende Gebete als eigene Gebete zu formulieren oder solche Gebete aus der Literatur zu finden, ist sicherlich nicht immer leicht. Letztendlich erweist es sich als gut, wenn wir beide Pole immer im Blick haben und beide Möglichkeiten verwenden: die Gebete aus der Literatur und das selbst formulierte Gebet.

Beide erfüllen je ihre Funktion, da das Gebet aus der Literatur Inhalte bieten kann, auf die man aufgrund der eigenen persönlichen Situation nicht stoßen würde, die aber das Beten sehr bereichern können, während das selbst formulierte Gebet die Situation des Gottesdienstes, der Gemeinde, bestimmter Menschen so treffend ins Wort bringen kann, wie das wohl kaum ein zu einem früheren Zeitpunkt außerhalb der bestimmten Situation entstandenes Gebet zu erreichen vermag.

Diese beiden Pole werden vom Vaterunser idealtypisch zusammengehalten. Als feststehende Formulierung ist es den meisten Christen so vertraut, dass es als Gebet aus der Literatur zum eigenen Gebet geworden ist. Alle können sich darin sogar gemeinsam laut sprechend ausdrücken und es vermag vieles aufzunehmen, was in einem Fürbittengebet zuvor frei und neu formuliert oder als Vorlage aus der Agende bzw. einem anderen Gebetbuch ausgewählt worden ist. Dieses Gebet »aus der Literatur« ist ein weltumspannendes Gebet, das alle Christen miteinander verbindet. Es ist das Gebet, das in Form, Inhalt und in der Sprache Persönliches und Öffentliches umspannt. Es ist sozusagen die Mitte des Betens.

Andere Gebete werden dadurch aber nicht abgewertet – auch sie werden gebraucht. So manche Situation erfordert es, dass für den Gottesdienst eine neue Form, ein noch nicht dagewesener Gedanke sich Bahn bricht, der nur als eigenes Gebet selbst formuliert seinen Ausdruck finden kann. Und dann gibt es Situationen, die einem die Sprache verschlagen – wie gut und wohltuend ist es dann, wenn man nicht ins Stottern geraten muss, sondern im vollen Bewusstsein der eigenen Sprachlosigkeit zu einem Psalmtext greifen kann. Man leiht sich Sprache, Inhalt und Form aus der Literatur, um sich zum Gebet, zum Ausdruck verhelfen zu lassen. Man taucht ein in eine Tradition des Betens, in eine Tradition von Inhalten und Formen, die einem das Gefühl geben, mit Generationen über Generationen vor uns über alle Zeiten hinweg gemeinsam zu sprechen und sich ausdrücken zu können.

Das Beten ist eine so lebendige Sache, dass es keine Reglementierung verträgt und doch ständig Regeln benötigt, um sich ausdrücken zu können. Denn im Gebet kommt ja das zu Wort, was die Glaubenden Gott sagen wollen, was sie ihm mitteilen wollen. Was ihr Leben, ihren Glauben, ihre Hoffnungen und Schmerzen betrifft. Was sie im Blick auf den Nächsten bewegt, wo sie mit Freude oder Sorge den Lauf der Dinge begleiten. Wo sie Verantwortung haben und mit dem Fürbittengebet Verantwortung übernehmen.

So manche Vorlage aus der Agende oder aus einem Gebetbuch ist während des Gottesdienstes vom Liturgen schnell in ihren Formulierungen verändert oder um Inhalte ergänzt worden. Zwar wird der Liturg am Schreibtisch die Gebete sorgfältig nach vielerlei Kriterien ausgewählt haben: Sie sollen das Proprium des Sonntags aufnehmen, die Aussagen der Predigt nicht wiederholen, aber die Anliegen, die daraus erwachsen, sehr wohl berücksichtigen, sollen die Nächstenliebe nicht vergessen etc. Es kommt manchmal zu geglückten, manchmal auch zu verunglückten Veränderungen des so sorgfältig ausgesuchten Gebetstextes, weil der Kontext der Gottesdienstfeier schließlich doch ein anderer Kontext ist als der Schreibtisch im Studierzimmer.

Mit der Gottesdienstfeier ereignet sich ein eigener Ausdruck, ereignet sich eine eigene Darstellung des Glaubens, die nicht nur die Gemeinde, sondern auch den Liturgen ergreifen kann. Da mag so mancher vorformulierte Gedanke nicht mehr als ganz passend empfunden werden, da kommen dem Liturgen – weil er sieht, spürt, hört, wahrnimmt, wie die Gemeinde den Gottesdienst feiert und lebt – andere Akzentsetzungen entgegen, ja mancher Gedanke drängt sich geradezu auf. Da heißt es, Verantwortung wahrzunehmen und vom Vorformulierten abzuweichen und den Gedanken Sprache zu verleihen. Die Gottesdienstfeier ist keine Vorlesung von vorformulierten Sätzen – das betrifft das Gebet genauso wie die Predigt –, sondern ist ein lebendiges Ereignis, das eigene Dynamiken freisetzt. Auch der Liturg betet wie jeder andere Gottesdienstteilnehmende das Gebet selbst mit, während er spricht. Er spricht den Gebetsgedanken aus, er spricht bzw. liest ihn nicht den anderen vor.

Und doch kommt das Gebet, das vom Geist hier und in diesem Moment gewirkt ist, wieder an den Punkt, wo es Maß nehmen muss an den Gebeten aus der Literatur: am Vaterunser, an den Kollektengebeten, an den Psalmen, also an jenen Gebeten, die zum festen Gebetsbestand des Glaubens gehören. So folgen die Gebete im Verlauf eines Gottesdienstes der Bewegung von »Gebeten aus der Literatur« zu »eigenen Gebeten« in einem Hin und Her. Beide Pole dieser Bewegung erschließen und befruchten sich gegenseitig, damit das Beten – das öffentliche wie das private – lebendig und wahrhaft bleibt.

Testen Sie sich selbst

⊕ Warum kann es nötig sein, auch im gut vorbereiteten Gottesdienst vom vorbereiteten Gebetstext abzuweichen?

⊕ Suchen Sie ein Gebet aus der Literatur und passen Sie es einem Adventssonntag an.

⊕ Formulieren Sie ein Dankgebet zum Abschluss der Abendmahlsliturgie (Postcommunio).

Fürbitten gelten als das Gebet, das der Liturg selbst formuliert, denn sie sollen zeitnah am aktuellen Geschehen der Kirche und der Gesellschaft sein, sollen die Menschen heute betreffen und ihre Anliegen aufnehmen. Dabei geht manchmal vor lauter Eifer die Form verloren – das folgende Kapitel versucht diese wieder einzuholen.

19 Fürbitten – was betet man öffentlich, was lieber nicht?

Es ist allgemein üblich geworden, dass nicht nur der Liturg den Text des Fürbittgebets spricht, sondern auch die Gemeinde durch Gebetsrufe an der wahrnehmbaren Gestaltung des Gebets beteiligt ist. Das ist eine etwas sonderbare Formulierung – »an der wahrnehmbaren Gestaltung des Gebets beteiligt ist« –, denn ich möchte nicht schreiben, dass die Gemeinde durch Gebetsrufe an dem Gebet beteiligt ist. Das wäre eine arg verkürzende, wenn nicht sogar verfälschende Aussage, weil man am Gebet beteiligt ist durch das Beten selbst, nicht durch das Sprechen von Worten. Das gemeinsame Gebet ist getragen durch das innere Mitbeten, das man an sich nicht wahrnehmen kann. Wahrnehmen – sehen – kann man die Gebetshaltung, ebenso wahrnehmen – hören – kann man den gesprochenen Gebetstext. Dass die Betenden auch im Herzen mitbeten, kann man nicht wahrnehmen. Aber es ist sicherlich hilfreich für dieses innere Beten, wenn man als Gemeinde auch an der äußeren Gestaltung des Gebets nicht nur durchs Stehen, Händefalten und Augenschließen, sondern auch durchs Mitsprechen beteiligt wird.

Die Form des Fürbittengebets, bei der der Liturg allein spricht und die Gemeinde das Amen anschließt, wird als »Prosphonese« bezeichnet. Damit sind die Bitten gemeint, die Gott vorgetragen werden, da dieser Begriff in griechischer Sprache *zurufen, jemanden laut anrufen* bedeutet. Diese Bitten haben eine »um-für-Struktur«: Gott wird *um* Beistand *für* eine notleidende Person gebeten. Die betende Kirche kann sich verstehen als Beterin, die mit den Notleidenden betet, oder sie versteht sich so, dass sie stellvertretend für die Notleidenden zu Gott betet. Diese Form des Gebets – die Aufforderung, für andere zu beten, findet sich schon im Neuen Testament (1 Tim 2,1–4; 2 Kor 1,11; Eph 6,18 f.) – scheint die älteste Form zu sein, sie findet sich im ersten Klemensbrief (Ende des 1. Jahrhunderts) und in der Gottesdienstbeschreibung des Justin (Mitte des 2. Jahrhunderts).

Neben dieser Form des Fürbittengebets haben sich drei Varianten entwickelt:

- die Ektenie
- das Diakonische Gebet
- die Preces

Die allgemein wohl üblichste Form ist jene oben erwähnte, dass die Gemeinde durch einen Gebetsruf in das Gebet einstimmt. Sie wird »Ektenie« genannt. Der griechische Begriff bezeichnet das *ausdauernde, beharrliche,* vielleicht auch *inbrünstige* Beten. Der Liturg betet ein Anliegen, die Gemeinde stimmt dem mit einem Gebetsruf zu. *Liturg:* Wir beten zu dir um körperliche und seelische Stärke für alle, die zum Helfen und Heilen berufen sind. *Gemeinde:* Erbarme dich, Gott. (EGb S. 571) Eine andere Möglichkeit der Ektenie ist, dass der Liturg das Anliegen als Information formuliert und aufruft, dafür zu beten. *Liturg:* Um die Fähigkeit, allen Menschen so zu begegnen, dass sie auch durch uns Gottes Liebe erfahren, lasst uns bitten. *Gemeinde:* Erbarme dich, Gott. (EGb S. 562) Es hilft sicherlich dem inneren Mitbeten, wenn man nicht beide Formen in einem Gebetsvollzug vermischt.

Die beiden weiteren Formen des Fürbittengebets werden nach meiner Beobachtung eher selten verwendet. Das »Diakonische Gebet« ist in seiner Gestaltung die aufwändigste Form des Fürbittengebets. Dieses Fürbittengebet hat mehrere Schritte: Zuerst leitet der *Liturg* das Gebet ein, dann trägt der *Diakon* die Anliegen vor. Es kann nun eine Gebetsstille eintreten, in der die Betenden die Gebetsanliegen aufnehmen und still vor Gott tragen. Statt der Gebetsstille kann auch ein Kyrie oder eine Liedstrophe gesungen werden. Der Liturg nimmt die Anliegen wie ein Kollektengebet zusammenfassend auf, indem er Gott direkt anspricht und mit einer dankenden und lobenden Aussage das Gebet beendet. Die Gemeinde schließt mit Amen. Das Evangelische Gottesdienstbuch schlägt sogar vor, dass statt eines Gebetsanliegens des Diakons auch eine Information aus der Zeitung verlesen werden kann, die zur Sorge Anlass gibt und zum stillen Gebet der Betenden führt (EGb S. 555).

Die dritte Variante wird als »Preces« bezeichnet, ein Begriff, der aus dem Lateinischen kommend für *Gebete* steht und das Wechselgebet meint. Dabei spricht die Gemeinde nicht einen immer wiederkehrenden Ruf, sondern immer wieder andere Sätze, so dass für dieses Gebet die Gemeinde den gesamten Gebetstext zur Hand haben muss. Der Liturg nennt die Gebetsanliegen, die Gemeinde trägt sie vor Gott. *Liturg:* Lasst uns Gott bitten um den Frieden, der vom Himmel ist. *Gemeinde:* Mache bei uns Frieden in deiner Barmherzigkeit. *Liturg:* Lasst uns bitten um Eintracht und Einmütigkeit. *Gemeinde:* Bewahre uns in einem Sinn und Geist. (EGb S. 596) So können sich noch viele Bitten anschließen.

Das Fürbittengebet – die Bezeichnung Fürbittengebet ist jüngsten Datums – wurde auch Allgemeines Kirchengebet genannt; in lateinischer Sprache wurde es als oratio universalis (allgemeines Gebet) oder als oratio fidelium (Gläubigengebet) bezeichnet. Diese Namen trägt es zu Recht, denn das Allgemeine kommt in seiner Struktur zum Ausdruck.

Der Aufbau des Fürbittengebets ist am Vaterunser orientiert: Zuerst wird für die Kirche, z. B. für die Ausbreitung des Evangeliums, für den Dienst der Kirche gebetet (1. bis 3. Vaterunserbitte), dann wird für die Welt, z. B. für den Staat und für gesellschaftliche Belange, z. B. Beruf, gebetet (4. Bitte) und anschließend für die Notleidenden, z. B. für Hungernde, Verfolgte, Kranke und Sterbende, wobei hier auch gemeindeeigene Anliegen vorkommen können (5. bis 7. Bitte).

Sinnvoll kann es auch sein, innerhalb des Fürbittengebetes eine Stille zu halten, damit die Gottesdienstteilnehmenden ebenfalls die Möglichkeit haben, ihre eigenen und privaten Anliegen still vor Gott zu bringen. Das Fürbittengebet wird dann mit dem Vaterunser beschlossen – und was kann sinnvoller sein als dieses Herrengebet! Es hat die Funktion, alle Bitten wie ein Kollektengebet zusammenzunehmen und zusammengefasst zum Ausdruck zu bringen. Das wird dann ganz deutlich, wenn die Bitten des Fürbittengebets erkennbar in Anlehnung an das Vaterunser formuliert worden sind.

Das Allgemeine Kirchengebet hat eine wechselvolle Geschichte. Etwa im 5. Jahrhundert kam es zum Verfall, im Mittelalter hat sich aber außerhalb der Messe im Prädikantengottesdienst ein Allgemeines Gebet entwickelt, das nach der Predigt gesprochen wurde. Dieses Gebet haben die Reformatoren aufgegriffen und das Allgemeine Kirchengebet wieder hergestellt. In der Zeit der Aufklärung kam es erneut zum Verfall; die Liturgische Bewegung des 20. Jahrhunderts hat es wieder zur Geltung gebracht und die dialogischen Formen dieses Gebets für den Gemeindegottesdienst zugänglich gemacht. Das gilt für die evangelische wie für die römisch-katholische Kirche.

Aber – so lautet eine Kritik – fehlt nicht das Lobgebet im Gottesdienst? Das kann man bejahen, wenn man sich den üblichen evangelischen Gottesdienstverlauf ansieht. Wo soll da ein Gebet sein, das mit ebensolchem Gewicht wie das Fürbittengebet Bitten vor Gott trägt, Gott dankt, lobt und preist? Nur wenn das Heilige Abendmahl mit einem Eucharistiegebet gefeiert wird, kommt das Danken und Loben so ausführlich zum Zuge wie beim Fürbittengebet die Bitten.

Dass nach dem Fürbittengebet, das im Aufbau dem Vaterunser folgt, das Vaterunser eigens bedacht wird, wird niemanden erstaunen. Doch umso erstaunlicher ist seine vielfältige Verwendung, die der nächste Essay kurz und knapp darlegt.

20 Vaterunser – kann immer gebetet werden

Das Vaterunser ist das Herrengebet. Es stammt nach dem Zeugnis des Neuen Testaments von Jesus selbst und findet sich in der Bergpredigt. Es ist also »das« Gebet der Kirche und wird in jedem Gottesdienst gebetet.

Im Sonntagsgottesdienst wird es, wenn er als Predigtgottesdienst gefeiert wird, im Anschluss an die Fürbitten gesprochen. Wird das Heilige Abendmahl gefeiert mit einem Eucharistiegebet, dann folgt es auf dessen Schlussdoxologie. Manche meinen, dass es sozusagen als einleitendes Kommuniongebet verstanden werden kann, weil es die Bitte enthält, Gott möge uns das tägliche Brot geben. Dabei mitgedacht ist das Brot als Leib Christi. Die auf Luther zurückgehende Möglichkeit sieht vor, dass das Vaterunser auf das Sanctus folgt.

Luther lässt in seiner Gottesdienstschrift von 1523 die Einsetzungsworte auf die Präfation folgen, wobei zwischen der Präfation und den Einsetzungsworten noch eine Gebetsstille eingeschoben ist. Auf die Einsetzungsworte wird das Sanctus gesungen – das ja ein Gebet ist – und dieses Gebet wird mit dem Vaterunser fortgeführt. Die Gottesdienstschrift Luthers von 1526 dagegen sieht eine Vaterunserparaphrase nach der Predigt vor.

Beide Schriften waren aber noch keine Kirchenordnungen. Die seit der Reformation entstehenden Kirchenordnungen und damit auch Gottesdienstordnungen lassen sich grob in zwei Familien einteilen:
- Die eine Familie geht auf Johannes Bugenhagen zurück, der seit 1523 Pfarrer an der Stadtkirche zu Wittenberg war,
- die andere Gottesdienst-Familie geht auf Andreas Osiander und Johannes Brenz zurück (Brandenburg-Nürnberger Kirchenordnung von 1533).

Bugenhagen hat für seine erste Kirchenordnung für Braunschweig 1528 beide Lutherschriften zu vereinen gesucht, so dass auf die Präfation wieder das Sanctus gesungen wird, wie man es aus der Tradition gewohnt war. Es folgt das Vaterunser, das Luther 1523 ja auch auf das Sanctus hat folgen lassen, aber Bugenhagen schließt die Einsetzungsworte an das Vaterunser an, sodass sich folgende Ordnung zeigt: Präfation mit Sanctus – Vaterunser – Einsetzungsworte. An dieser Kirchenordnung haben sich viele weitere Ordnungen orientiert.

Die Verortung des Vaterunsers in Bugenhagens Abendmahlsliturgie wird als das unterscheidende Merkmal gegenüber anderen Ordnungen angesehen. Die alte Agende I von 1955 hat diese Ordnung ebenso selbstverständlich beibehalten wie auch das Evangelische Gottesdienstbuch von 1999. Dabei hat Bugenhagen einen wichtigen Impuls Luthers bewahrt: Das Abendmahl erschöpft sich nicht allein im Gebet, sondern ist ebenso Kommunion, die als besondere Handlung hervorgehoben werden sollte. Die Kommunion war zur Zeit Luthers fast gänzlich verfallen; nur selten, wenn nicht gar nur ein Mal im Jahr kamen die Gemeindemitglieder zur Kommunion. Darum sollte zwischen Einsetzungsworten und Austeilung kein Gebet mehr sein. Denn die Einsetzungsworte wurden sozusagen als Handlungsanweisung verstanden: Nehmt hin und esst – Das tut zu meinem Gedächtnis! Und das sollte sofort auch vollzogen werden.

Das Vaterunser kann ebenfalls zum Segen gebetet werden, wie es Luther in seinem Taufbüchlein 1523 und in Fortschreibung 1526 nach der Lesung des Kinderevangeliums vorgesehen hat: »Denn lege der priester seine hende auffs kinds heubt/vnd bete das Vater vnser …«. In der lutherischen Tradition ist dieser Ritus erhalten geblieben, die Taufagende von 1988 sieht ihn – wie schon Luther – nach dem Kinderevangelium vor; neben dem Pfarrer legen auch Eltern und Paten dem Täufling die Hand auf, zusammen mit der Gemeinde sprechen sie das Vaterunser. Die reformierte und auch die unierte Tradition haben diesen Gebrauch des Vaterunsers nicht aufgenommen. Bei der Konfirmation findet man eine ähnliche Verortung des

Vaterunsers, da es vor dem Segensgebet gesprochen wird und mit diesem eine gewisse Einheit darstellt. Im Anschluss an das Segensgebet werden die Konfirmanden gesegnet. Bei der Trauung kann nach lutherischer Tradition das Vaterunser im Zusammenhang mit der Segnung der Ehe gebetet werden. Bei Bestattungen wird das Vaterunser in der Regel am Grab gebetet.

Die Tagzeitengebete haben das Vaterunser, wie bei den sonstigen Gottesdiensten auch, fast an den Schluss des Gebetsgottesdienstes gesetzt: Nach dem neutestamentlichen Psalm wird ein Kyrie gebetet, dann folgt das Vaterunser, es schließen sich Bitten (außer mittags), eine Gebetsstille und ein Schlussgebet an. Darauf folgt der Segen. Hier geht das Vaterunser also den Bitten voraus.

An Karfreitag – wenn kein üblicher Gottesdienst, sondern er mit einer eigenen Liturgie begangen wird (EGb 178–189) – kann dieser Gottesdienst sogar mit dem Vaterunser eröffnet werden. Es ist das erste Gebet, was gesprochen wird und mit dem vorausgehenden Kyrie die Stille durchbricht, wenn keine Glocken geläutet werden und die Orgel in diesem Gottesdienst nicht mehr spielt.

Die biblischen Quellen des Vaterunsers (Mt 6,9–13 und Lk 11,2–4) kennen die Schlussdoxologie nicht, mit der wir heute üblicherweise das Vaterunser beenden. Diese Formulierung begegnet in der Didache, einer frühchristlichen Kirchenordnung. Selbst in die Handschriften des Matthäus- und Lukasevangeliums wurde sie später eingefügt, wohl weil dieser lobende Abschluss mittlerweile ganz selbstverständlich geworden war.

Das Vaterunser wird an so vielen und auch unterschiedlichen liturgischen Orten gebetet – und doch bleibt es das Gebet des Herrn. Es ist das Gebet der Christenheit schlechthin, das wohl jeder kennt und das mit seiner eigenen Kraft und Aussage das Leben immerzu und insbesondere an besonderen Lebensstationen begleitet. Es ist als feststehender Text im privaten wie im öffentlichen Gebet zu Hause.

Testen Sie sich selbst

⊕ Wo wird das Vaterunser platziert:
⊕ im sonntäglichen Gottesdienst
⊕ in einem Taufgottesdienst
⊕ in einem Bestattungsgottesdienst

Die vielfältigen Verwendungsweisen von Vaterunser oder dem Credo können dazu verleiten, diesen Gebrauch auch auf andere gottesdienstliche Elemente zu übertragen. Das bekommt ihnen nicht immer gut. Wie kann sich hier Wohlbefinden einstellen?

21 Lied, Musik und Atmosphäre – falls kein Raumteiler im Weg steht

So manches Mal, wenn ich in der Kirchenbank sitzend einen Gottesdienst mitfeierte, hat mich das Gefühl beschlichen, dass Lieder dort wie Raumteiler aufgestellt wurden. Immer dann, wenn eine Sinneinheit zu Ende zu sein schien, wurde ein Lied gesungen. Oder wenn zu viele Ansagen, mehrere Lesungen, zwei Predigten vorkamen, wurden Lieder dazwischengeschaltet mit der deutlichen Absicht, es sei jetzt mal wieder die Gemeinde dran. Sonst werde der Gottesdienst zu kopflastig. Lieder nehmen regelrecht eine Ordnungsfunktion ein.

Besonders krass habe ich eine weitere Möglichkeit vorgestellt bekommen im Anschluss an einen von mir geleiteten Gottesdienst: Da kam eine Gottesdienstteilnehmerin auf mich zu und gab überschwänglich ihrer Freude Ausdruck, dass die Lieder ja zum Inhalt des Gottesdienstes gepasst hätten! Ob das denn nicht immer so sei, war meine Nachfrage. »Nein«, gab sie zur Antwort, »unser Pfarrer sucht die Lieblingslieder derjenigen aus, die immer zum Gottesdienst kommen. Da weiß man dann, dass der Pfarrer an einen gedacht hat, wenn man Geburtstag hatte oder sonst was Besonderes gewesen ist oder getröstet werden musste.«

Lieder haben ihre je eigene Funktion und Aufgabe, ja ihre eigenen Bedeutungen im Verlauf der Liturgie.

Das *Eröffnungslied* auszuwählen, ist nicht immer leicht. Wirkt es doch prägend auf die sich entwickelnde und anhebende Atmosphäre des Gottesdienstes. Mit der Melodie wie auch mit dem Text ist es eminent daran beteiligt, einen Anfang zu setzen, von dem aus der Gottesdienst seinen Weg gehen soll. Das

Gesangbuch kennt Lieder, die speziell für den Gottesdienstbeginn verfasst wurden. Doch ebenso könnten Lieder ausgewählt werden, die inhaltlich schon auf eine Schriftlesung oder auf die Predigt, auf eine Taufe oder sonst ein Ereignis im Gottesdienst vorausgreifen. Und mit zu bedenken ist auch, dass es ganz verschiedene Sorten von Liedern gibt: Manche Lieder sind Gebete, die sich direkt an Gott wenden, andere Lieder sind Lehrlieder, wieder andere singen einen biblischen Text in freier Übertragung nach; manche Lieder haben einen eher meditativen Charakter, andere haben einen konfessorischen Einschlag oder sind gar Bekenntnislieder. Lieder sind aber nicht immer eindeutig einer Sorte zuzuordnen, sondern stellen oftmals durchaus geglückte Mischungen dar. Da beginnt ein Gesang – z. B. Jesus Christus herrscht als König (EG Nr. 123) – damit, dass ein bibischer Text nachgesungen wird, dann wird über den Text meditiert, und die Meditation geht in einen Aufruf zum Lob Gottes über.

Das *Glorialied* ist recht eindeutig zu bestimmen: Mit ihm soll die Gemeinde Gott loben und preisen, nachdem sie das Kyrie gesungen hat. Da muss nicht immer das allfällige »Allein Gott in der Höh' sei Ehr« gesungen werden, sondern es eignen sich hierfür viele einzelne Strophen, die durchaus losgelöst aus ihrem Liedzusammenhang hier eine eigene liturgische Funktion wahrnehmen können.

Das Graduallied bzw. *Wochenlied* nimmt das Evangelium des Sonntags auf. Es ist zwischen Epistel- und Evangelienlesung platziert. Traditionell gesehen gehört es zum Proprium des Gottesdienstes, also zu jenen Teilen, die zwar von Sonntag zu Sonntag wechseln, aber im Zusammenspiel den Charakter gerade dieses Gottesdienstes bestimmen. Mit diesem Proprium festgelegt sind neben dem Wochenlied der Psalm, der Wochenspruch und die Lesungen. Diese feststehenden Teile finden sich in der Agende für jeden Sonntag aufgeführt und sind im Gesangbuch als liturgischer Kalender abgedruckt.

Der Begriff *Wochenlied* macht noch auf eine andere Funktion des Liedes aufmerksam, die über den sonntäglichen Gottesdienst hinausweist. Da der Sonntag der erste Tag der Woche ist und mit dem Sonntagsgottesdienst die angebrochene Woche inhaltlich geprägt wird, kann dieses Lied die während dieser Woche stattfindenden Gemeindeveranstaltungen wie auch die private Andacht zu Hause als »Lied der Woche« begleiten.

Das *Lied vor der Predigt* kann unterschiedliche Funktionen übernehmen. Es kann auf die Predigt hinführen, was selten sinnvoll ist, da zu diesem Zeitpunkt vermutlich nur der Prediger selbst weiß, was er predigen wird. Es kann mit dem Lied auch um das rechte Hören des Wortes Gottes gebeten werden. Nimmt es Gedanken des Evangeliums auf, kann es als Dublette auf das Wochenlied verstanden werden. Gerade beim Lied vor der Predigt hat man öfters das anfangs beschriebene Gefühl, hier stehe tatsächlich ein Raumteiler im Gottesdienst. Denn bei so viel Gesprochenem – Lesungen und Glaubensbekenntnis, und nun ist gleich der Predigttext samt Predigt zu erwarten – sollte die Gemeinde noch zu Wort kommen.

Möglicherweise ist es nicht immer ganz falsch, ein Lied zu nehmen, das sich thematisch nicht allzu eng an die Lesungen anschließt oder zur Predigt hinführt, sondern vielleicht Seitengedanken aufnimmt oder auch nur deshalb gesungen wird, weil der Gottesdienst keine dogmatische Lehrstunde ist, sondern doxologischen, nämlich Gott lobenden und ehrenden Charakter hat. Solche Lieder lassen sich zahlreich im Gesangbuch finden – und warum sollte es nicht sinnvoll sein, vor der Predigt Gott zu loben?

Das *Lied nach der Predigt* dagegen bestimmt sich viel einfacher von seiner Funktion her. Wird die Predigt als Verkündigung aufgefasst, so antwortet nun die Gemeinde auf die Verkündigung. Sie kann die Gedanken der Predigt mit dem Lied aufnehmen, sie kann die aufgeworfenen Fragen und Antworten mit einem Bekenntnislied oder einem Lied, das zur christlichen Nächstenliebe im Alltag aufruft, parieren. Sie kann auch die

Gedanken der Predigt weiterführen und erst im Lob und Dank zum wirklichen Amen führen.

Bestimmt lassen sich noch weitere Möglichkeiten finden, wie das Lied nach der Predigt funktional zu bestimmen wäre. Doch nach dem Schreiben der Predigt das wirklich geeignete Lied zu finden, kann dagegen eine mühevolle Suche bedeuten. Es gelingt nicht immer – und wenn nicht, dann wird auch dieses Lied wie ein Raumteiler im Gottesdienst stehen. Sich dafür zu entscheiden, ist immer etwas unglücklich, weil dieser Raumteiler eine dem Predigttext und der Predigt angemessene Antwort eher verhindert als ermöglicht und somit die Kommunikation des Evangeliums nicht recht in Schwung kommen will. Denn eine strikte Trennung zwischen der Verkündigung im Sinne von Angesprochensein der Gemeinde durch Gott und der Antwort der Gemeinde auf Gottes Wort lässt sich hermeneutisch kaum aufrechterhalten.

Es ist vielmehr das Evangelium, das mit biblischen Texten, Predigt und Liedern kommuniziert wird – von den Lektoren, dem Prediger und von der Gemeinde gleichermaßen. Um noch einmal auf das Lied vor der Predigt zurückzukommen: In diesem Sinne kann dieses Lied eine spezifische Bestimmung erhalten, wenn es dazu dient, in diesem »Wortteil« des Gottesdienstes ein Teil dieser Kommunikation des Evangeliums mitzutragen. Dabei sollte die Qualität der in diesen Worten gefundenen Kommunikation des Evangeliums den Ausschlag dafür geben, dieses und eben nicht ein anderes Lied ausgewählt zu haben.

Wird das Heilige Abendmahl gefeiert, sieht die Agende vor, dass zur Vorbereitung auf diese Feier ein Lied gesungen wird. Währenddessen kann das Geldopfer eingesammelt werden, und auf dem Altar werden die Gaben Brot und Wein für die Feier gerüstet. Die Funktion dieses Gesangs ist ganz klar: Der Blick soll auf diese Feier gelenkt werden. Das ist z. B. mit ausgewiesenen Abendmahlsliedern möglich, es kann aber auch ein Bußlied gesungen werden, falls keine ausdrückliche Vergebungsbitte und -zusage oder gar Beichte vorausging.

Nur noch ganz selten habe ich es in Gemeinden erlebt, dass *während der Kommunion* Lieder gesungen wurden. Meistens spielte die Orgel. Historisch wird das Agnus Dei verstanden als der erste Gesang, dem weitere folgen sollen. Dass hier ein reicher Fundus im Gesangbuch gegeben ist, die Kommunion mit gesungenem Gebet zu begleiten, braucht nicht eigens aufgeführt zu werden. In der Regel macht es Sinn, wenn das letzte Lied in dieser Reihenfolge ein Danklied ist. Wird während der Kommunion nicht gesungen, dann wird das Danklied nach dem Dankgebet, das die Kommunion beendet, gesungen.

Zum *Beschluss des Gottesdienstes* folgt ein Lied oder auch nur eine Liedstrophe. Auch dieses Lied auszusuchen, ist nicht immer leicht und gelingt auch nicht immer so, wie man es sich wünscht. Will es doch aufnehmen und wiedergeben, was bisher im Gottesdienst geschehen ist, als Kontrapunkt zum Eröffnungslied, das den Anfang gesetzt hatte. Aber wer kann schon immer wissen, wie sich die Atmosphäre eines Gottesdienstes entwickeln wird? Soll es ein jubelndes Danklied sein? Ist eine Bitte für den Alltag im Hinblick auf den Segen angemessener? Oder klingt der Gottesdienst meditativ aus?

Die Strophenauswahl der Lieder hat es manchmal auch in sich. Ich habe immer noch eine Anzeigetafel in Erinnerung, die sich dadurch auszeichnete, dass von allen Liedern immer die ersten drei Strophen gesungen werden sollten. Das schien eine pragmatische Lösung zu sein. Aber: Der Liturg hatte nicht daran gedacht, dass manche Sätze sich über zwei Strophen erstrecken. Manchmal hört die eine Strophe mitten im Satz auf – der Strophentext endet mit einem Komma –, und die nächste Strophe führt den Satz weiter. Und so haben wir eine dritte Strophe gesungen, deren Inhalt auf halber Strecke stecken blieb, als habe man sich beim Singen verschluckt.

Dass ein Lied mit seinen Strophen einen Gedanken von Beginn bis zum Schluss fortführt, ist eine Binsenweisheit, der aber in kaum einem Gottesdienst Beachtung geschenkt wird. Man kann wahrscheinlich nicht immer alle Strophen singen – aber manchmal eben doch. Und wenn man nicht alle Strophen singen kann, dann muss wirklich sorgfältig ausgewählt werden. Denn welche Funktion ein Lied im Gottesdienst auch immer einnimmt und auf welche Situationen oder Inhalte es Bezug nimmt, so ist es doch nicht speziell daraufhin getextet und komponiert worden, sondern wird als ein bereits vorhandener Text dafür in Anspruch genommen. Da kann es auch einmal geschehen, dass nicht jeder Gedankengang in jeder Strophe sinnvoll erscheint und dass eine Strophenauswahl durchaus einen eigenen Gedankenzusammenhang zuwege bringt!

 Testen Sie sich selbst

⊖ Markieren Sie in Ihrem Gottesdienstablauf die Stellen, an denen für gewöhnlich Lieder gesungen werden. Welche Funktion kommt ihnen jeweils zu?
⊖ Wählen Sie ein Ihnen vertrautes Lied und stellen Sie einen Zusammenhang zwischen Melodie und Text her.

Der Gottesdienst wird mit dem Segen beendet – welch eine Binsenweisheit! Ist es aber nicht. Fluchen gehört auch dazu und Beziehungen spielen eine große Rolle. Das nächste Kapitel wird's weisen.

22 Segnen und verfluchen

Wer segnet, sollte auch verfluchen können. Denn es ist nicht möglich, alles und jedes im Leben gutzuheißen. Manches ist auch schlecht, gar böse. Manches muss abgewehrt werden. Wer nur noch gutheißt, sich nicht mehr traut, auch etwas zu tadeln, wird auf Dauer als Liturg nicht ernst genommen, denn jeder Mensch weiß, dass nicht alles gut ist. Es ist fatal, wenn Schlechtes oder gar Böses im Namen Gottes gesegnet wird und Kirche bzw. Pfarrer dafür einstehen; sie werden nicht mehr ernst genommen, weil sie naiv sind und von der Dramatik des Lebens wenig verstehen.

Der Begriff *Segnen* wird vom lateinischen *signare* abgeleitet, was *bezeichnen*, im liturgischen Zusammenhang *mit dem Kreuz bezeichnen* bedeutet. So wird dem Menschen oder einem Gegenstand Gottes Segen zugesprochen. Aber damit ist noch nicht das ganze Spektrum dessen erfasst, was mit Segen gemeint ist. Das lateinische *benedicere*, das griechische *eulogein* und das hebräische *barak* meinen auch *gutsagen, loben und preisen.*

Erst jetzt erschließt sich der ganze Vorgang des Benedizierens, des Segnens: Gott wird für die Schöpfung der Welt und für die Erlösung der Menschen gelobt und gepriesen, er wird als der bezeugt, der Quelle allen Segens ist. Folgerichtig schließt sich diesem Lobpreis die Bitte um den Segen an. Der Segen heißt etwas gut, was gut ist. Das wird mit 1 Tim 4,4f. begründet: *Denn alles, was Gott geschaffen hat, ist gut, und nichts ist verwerflich, was mit Danksagung empfangen wird; denn es wird geheiligt durch das Wort Gottes und Gebet.* Diese Worte sind ein deutlicher Anklang ans Ende der ersten Schöpfungserzählung Gen 1,31: *Und Gott sah an alles, was er gemacht hatte, und siehe, es war sehr gut.*

Der Segen bringt zum Ausdruck, dass Menschen zuerst in einem bejahenden Verhältnis zur Schöpfung stehen. Aber was Menschen sagen und tun, ist nicht immer gut, es kann ebenso schlecht, gar böse sein. Das kann man nicht segnen, das sollte man verfluchen. Der Gegensatz von Segen und Fluch wird mit der lateinischen Sprache deutlicher ausgedrückt: *benedicere – maledicere*, etwas gutheißen – etwas schlechtheißen.

Im 20. Jahrhundert wurde anhaltend darüber diskutiert, ob es richtig war, Waffen zu segnen. Hätte man sie nicht lieber verfluchen sollen? Eine Konvention zur Ächtung von Streubomben ist am 1. August 2010 in Kraft getreten. Der völkerrechtliche Vertrag (dem bis Mai 2011 insgesamt 56 Staaten beigetreten sind, weitere 51 Staaten haben die Konvention unterschrieben) sieht vor, dass Streumunition nicht eingesetzt, hergestellt und weitergegeben werden darf. Damit ist ein Fluch – wenngleich nicht rituell, so doch säkularisiert – ausgesprochen worden. Die oben genannte Bibelstelle 1Tim 4,4f stellt für das Segnen ein Beziehungsverhältnis her: Nichts ist verwerflich, das mit Danksagung empfangen wird. Wenn man Gott für etwas nicht danken kann, kann man es demnach auch nicht segnen. Denn es wird gesegnet – so 1Tim 4,4f. – durch das Wort Gottes und Gebet. Wenn nicht gesegnet wird, sondern verflucht, wird eine Beziehung abgebrochen oder erst gar nicht aufgenommen – in unserem Beispiel: Staaten, die den Vertrag unterschrieben haben, haben weder mit der Herstellung und dem Verkauf noch mit der Anwendung von Streumunition etwas zu tun.

Den heute üblichen aaronitischen oder trinitarischen Segen zur Beendigung des Gottesdienstes hat es nicht immer gegeben; zwar standen in der Liturgiegeschichte an seiner Stelle Segensgebete, sogenannte Inklinationsgebete. *Inclinatio* heißt *Verbeugung, Verneigung des Hauptes*. Der Diakon rief dazu die Gottesdienstteilnehmenden auf, der Priester breitete über sie seine Hände aus und sprach ein Segensgebet, z.B.: »Gott, großer und wunderbarer, schaue herab auf deine Knechte, denn dir haben wir unseren Nacken gebeugt, strecke deine starke von Segen erfüllte Hand aus und segne dein Volk, beschütze dein Erbe, damit wir immer und jederzeit dich preisen.«[2] Erst im Mittelalter verzeichnen die liturgischen Quellen den Segen zum Beschluss des Gottesdienstes. So hat ihn auch Luther kennengelernt und in seinen Gottesdienstschriften den aaronitischen und trinitarischen Segen aufgeführt. Dabei ist der Zusammenhang mit dem Beten nicht verloren gegangen, Luther hat an die Stelle des mittelalterlichen *Ite missa est* (Geht, die Messe ist zu Ende, bzw.: Geht, es ist Entlassung) das *Benedicamus domino* gesetzt. Noch die alte Agende I von 1955 hat diesen Begriff übersetzt mit *Lasset uns benedeien dem Herrn* – was man natürlich nicht verstand – oder mit dem Satz *Gehet hin im Frieden des Herrn*. Die Gemeinde antwortet darauf mit *Gott sei ewiglich Dank*, und an Festtagen konnte noch ein Halleluja angeschlossen werden. Das Evangelische Gottesdienstbuch von 1999 kennt nur noch die Aufforderung, im Frieden zu gehen, und die Gemeinde reagiert mit *Gott sei Lob und Dank*. Durch die Antwort der Gemeinde wird der Bezug zum Beten deutlich, wenn sich der Segen vom Altar aus anschließt.

Aber der Segen beschließt nicht nur den Gottesdienst, sondern weist in den Alltag hinein. Er kann auch wie ein Kollektengebet aufgefasst werden. Alles, was im Gottesdienst geschehen ist, ist Gottes Segen, nämlich seine gnädige Zuwendung zu uns Menschen in Wort und Sakrament. Es wird am Ende noch einmal mit einem eigenen Ritus aufgenommen und betont vergewissert, dass diese gnädige Zuwendung ihre Wirkung auch im Alltag entfalten will.

Dass man mit dem Segen auch Missbrauch betreiben kann, liegt auf der Hand, da nichts durch sich selbst vor Missbrauch und Entstellung geschützt ist. Den Segen kann man ebenfalls missverstehen und missbrauchen – man kann in magische Praktiken entgleiten. Dies geschieht, wenn man meint, mit

---

2 Westsyrische Jakobusanaphora, in: F.E. Brightman: Liturgies Eastern and Western, Oxford 1896, 67; Übersetzung bei Josef Andreas Jungmann: Missarum Solemnia, Bd. II, Wien/Freiburg/Basel [5]1962, 530.

allerhand Riten und Zaubersprüchen diesen Segen, diese Kraft der Gottheit auf gewisse Menschen oder Gegenstände leiten zu können, ohne sozusagen die Einwilligung der Gottheit zu benötigen. Man entzieht der Gottheit Kräfte, ja man kann dieses Entziehen selbst initiieren. Dann glaubt man auch, dass Gegenstände an sich oder Menschen an sich von heiliger Kraft erfüllt sind, die man wiederum durch Berühren oder Nahesein auf sich ziehen kann, um positiven Nutzen davon zu haben. Der christlich verstandene Segen ereignet sich in der Beziehung zu Gott, und eine Erinnerung daran ist die enge Verbindung des Segens mit dem Gebet.

Magische Praktiken entstehen, wenn diese Beziehung fehlt, man aber an diffuse Kräfte glaubt und meint, diese zu brauchen. Man kann es auch so formulieren: Christen wissen sich durch den Segen in ihrer Beziehung zu Gott gestärkt, und vermittels dieser Beziehungsstärkung wird eine Stärkung des eigenen Glaubens und Lebens erfahren.

Das geht uns im menschlichen Miteinander ähnlich: Eine starke Beziehung gibt uns Halt, eine liebende Beziehung Glück, aber eine gestörte oder gar feindselige Beziehung kostet Kraft. Wer nicht in der Beziehung zu Gott steht, sondern an diffuse Kräfte glaubt, denkt sich diese Kräfte, diesen Geist meist als eine Art unsichtbare Materie, die einem eingeflößt wird. Dafür ist eine Beziehung zu Gott nicht notwendig. Weil dieses Denken im Mittelalter recht verbreitet war, hat sich Luther dagegen gewandt, Dinge zu segnen, denn sie wurden magisch missverstanden.

Dagegen kann eine Sachbenediktion, die nicht aus dem Beziehungsgefüge des Glaubens heraus fällt, die eng mit dem Dank- und Lobgebet verbunden bleibt, durchaus richtig sein. Wenn z. B. Altar, Kanzel oder Taufstein gesegnet werden, dann wird damit im Glauben ausgesagt, dass diese »Gegenstände« für die Heilshandlungen Gottes reserviert werden: für die Verkündigung des Wortes Gottes und die Feier der Sakramente.

Dafür wird über sie Gott gelobt und ihm gedankt und sie werden mit dem Segen »gutgesprochen«.

So empfangen auch wir den Segen: dass wir mit der Kraft Gottes ausgerüstet im Alltag als Christen leben können, weil wir »gutgesprochen« worden sind. Gerade in einer säkularisierten Welt stellt es manchmal eine Herausforderung dar, nun selbstverantwortlich im Beruf, in der Familie, in der Freizeit das Reden und Tun christlich auszurichten – also einen Gottes-Dienst zu tun, der darin besteht, das Loben und Preisen Gottes als die liebende Hinwendung zum Nächsten mit Wort und Tat in den alltäglichen Bezügen zu verwirklichen.

Mit Worten und Gesten kommt dies alles beim Segensvollzug zur Darstellung: Die erhobenen Hände machen deutlich, dass der Segen »von oben« kommt und eine bestärkende und beschützende Kraft ist. Das Kreuzeichen zum Beschluss des Segenswortes macht noch einmal bewusst, dass der christliche Glaube im Kreuz Christi begründet ist. Denn Gott allein ist die Quelle allen Segens, der der Schöpfung wie der Erlösung gilt.

 Testen Sie sich selbst

⊖ Erklären Sie, was Segen bedeutet. Berücksichtigen Sie die entsprechenden hebräischen, griechischen und lateinischen Wörter.

⊖ Vom Umgang mit Segen handeln u. a. die Geschichten von Jakob und dem Erstgeborenensegen sowie von Bileam (1 Mose 27 bzw. 4 Mose 22–24). Rekapitulieren Sie die Inhalte und erweitern Sie Ihre Aussagen über Segen und Fluch.

Mit den Gesten muss man sich noch ausführlicher beschäftigen, denn sie kommen im Gottesdienst nicht nur beim Segnen vor.

23 Gesten und Gebärden, Sitzen und Stehen und manch' andere Verstrickungen

Während einer Gottesdienstfeier kommen ständig Gesten oder Gebärden vor. Sie sind viel zahlreicher und selbstverständlicher, als mancher Liturg das ahnt, denn niemand wird einen Gottesdienst feiern können, ohne bewusste oder unbewusste Gesten auszuführen. Ohne Gesten, ohne irgendeinen Einsatz seines Körpers – und damit ist Körpersprache im Spiel –, wird niemand Gottesdienst feiern können.

Aber zunächst sind die Begriffe »Geste« und »Gebärde« zu erhellen. Bislang hat noch niemand einleuchtend darlegen können, worin der Unterschied zwischen einer Geste und einer Gebärde besteht, vielmehr ist zu beobachten, dass beide Begriffe synonym verwendet werden. Es zeichnet sich im deutschen Sprachraum zunehmend ab, dass nur noch von Gesten gesprochen wird; das mag daher kommen, dass in der englischen Sprache lediglich der Begriff »gesture« zur Verfügung steht und in diesem Sprachraum wesentliche Forschungen zu diesem Thema getrieben worden sind. Die Übersetzung der Forschungsergebnisse ins Deutsche haben dann den Begriff »Geste« aufgegriffen. Auch ist zu beobachten, dass der Begriff »Gebärde« nicht verschwindet, sondern im Zusammenhang der »Gebärdensprache« verwendet wird – jener Sprache für gehörlose Menschen, die sich mit entsprechenden Armbewegungen verständigen.

Typische liturgische Gesten sind z. B. Segenshandlungen: Der Konfirmator legt seine Hände auf die Köpfe der zu Konfirmierenden, zum Schluss des Gottesdienstes hebt er die Arme, um die Gemeinde zu segnen und gegebenenfalls die Segenshandlung mit einem Kreuzzeichen zu beschließen. Aber nicht nur den Personen, die den Gottesdienst leiten, sondern auch der Gemeinde kommen viele Gesten zu: Jedes Kind lernt das Beten, indem es die Hände faltet, den Kopf senkt und die Augen schließt – ja, auch das Augenschließen ist eine Geste! In römisch-katholischen Kirchen, aber auch in manchen lutherischen Kirchen oder Gemeinden finden sich Kniebänke, so dass der Einzelne oder auch die Gemeinde zum Beten knien kann. In manchen lutherischen Kirchen sind die Kniebänke seit dem 16. oder 17. Jahrhundert verblieben – zuvor gab es noch kaum Kirchenbänke, so dass die Gemeinde stand oder sich direkt auf dem blanken Boden hinkniete – oder sie sind in der jüngeren Vergangenheit wieder eingebaut worden. So ist in den letzten zwei Jahrzehnten wahrzunehmen, dass in den evangelischen Kirchen die unterschiedlichsten Gesten wieder in der Gottesdienstfeier verwendet werden, die zu Zeiten der immer stärker werdenden Konfessionalisierung und Säkularisierung als »katholisch« betrachtet wurden. Auch heute ist der Vorwurf immer wieder zu hören, dass die Aufnahme von bestimmten Gesten im evangelischen Gottesdienst diesen doch nur rekatholisieren wolle.

Diese Vorwürfe signalisieren Angst. Das mag an dem Beispiel des Kreuzschlagens schnell deutlich werden, das der Liturg und/oder die Gemeinde verwendet: Wenn selbst das Kreuzzeichen, das nun unbestreitbar *das* Zeichen des christlichen Glaubens schlechthin ist, nicht davor verschont bleibt, zur Aufrechterhaltung solcher Vorwürfe dienen zu müssen, und man sich als evangelische Kirche ohne Not dieses grundlegenden Zeichens enthält, ja, diesen grundlegenden Glaubensausdruck nicht in Anspruch nimmt, muss es zu einer Verarmung der Frömmigkeit führen.

Auch sind manche der Meinung, dass die Ausführung solcher Gesten magische Wirkungen freisetzen könnten. Darum hätten die Reformatoren alle Gesten abgeschafft – was historisch völlig falsch ist – und nur noch das Wort im Gottesdienst gelten lassen. Historisch richtig ist, dass während der Zeit der Aufklärung Gesten im Gottesdienst unterblieben sind, weil man sich ja nun als ein moderner und fortschrittlicher Mensch definierte, der solcher »mittelalterlichen« und »vormodernen« Dinge nicht mehr bedurfte. Der damit einsetzende liturgische Kahlschlag zeigt bis heute seine Wirkungen – und vielerorts wird man gewahr, dass wir heute in unseren Gottesdiensten unter einer Armut an Ausdrucksmöglichkeiten leiden, die unsere Gottesdienstfeiern nicht gerade befördert.

So sucht man jetzt Gesten wiederzugewinnen und weitere damit verknüpfte Zeichenhandlungen: Segnung und Salbung, Osterkerze und Taufkerze, in immer mehr Kirchen werden Gelegenheiten bereitgehalten, damit Besucher selbst eine Kerze anzünden können – seien es kunstvoll aus Metall gestaltete Weltkugeln, Lichterbäume, Weinstöcke usw., auch Sandkästen oder einfache Metallkästen stehen bereit, in die man Kerzen stellen kann. Bei der Ausführung solcher Gesten soll es nun nicht darum gehen, magische Wirkungen freizusetzen, sondern vielmehr darum, dem Glauben einen angemessenen Ausdruck verleihen zu können.

Dafür ist an erster Stelle selbstverständlich die gesprochene Sprache, auch als Wortsprache definiert, zu nennen, die unser ganz natürliches Ausdrucksinstrumentarium ist und im Unterschied zu allen anderen Arten der Sprache das klarste, deutlichste, differenzierteste Instrumentarium darstellt. Sie ist letztendlich durch nichts zu ersetzen; auch leider nicht durch eine noch so gut gehandhabte Gebärdensprache, wenn sich die Kommunikationspartner nicht vermittels des Gehörs verständigen können. Da zeigt sich dann, dass eine verbale Sprache nur annähernd durch eine nonverbale Sprache ersetzt werden kann.

Neben dieser Wortsprache (verbal) wird aber die Körpersprache (nonverbal) als eine weitere Ebene des hochkomplexen Systems von Sprache angesehen. Zur Körpersprache werden alle Ausdrucksformen gezählt, die vermittels des Körpers entstehen: Distanz oder Nähe, wie ein Raum wahrgenommen wird (sitzen Liturg und Gemeinde rund um den Altar oder beide gemeinsam gegenüber dem Altar), welche Gänge werden während eines Gottesdienstes vollzogen (z. B. ein Einzug oder eine Prozession, der Gang zum Altar beim Abendmahl oder für die Konfirmationssegnung etc.). Die Gesten werden zum Bereich der Kinesik (Lehre von der Bewegung) gezählt – dazu gehören ebenso Mimik, Blick, Gesichtsausdruck und Körperhaltung. Manche zählen sogar die Textilien zur Körpersprache.

Aber allein schon das Feld der Gesten im Gottesdienst ist sehr groß – und erfreulich ist zu beobachten, dass neben dem Aufgreifen der klassisch-liturgischen Gesten auch neue Gesten ausprobiert werden. Es ist ein ganz natürliches Phänomen der Sprache, dass sie lebendig und ständig in Bewegung und Veränderung ist, und es trifft nicht nur auf die Verbalsprache, sondern auch auf die nonverbale Sprache zu.

Einige klassisch-liturgischen Gesten sind schon genannt worden, weitere sollen nun folgen und als *Sprachhandlung* erläutert werden. Dabei lassen sich die Gesten in drei Klassen einteilen:
- sprechbegleitende
- sprechersetzende und
- unabhängige Gesten.

Die Geste als nonverbale Sprache kann die verbale Sprache begleiten. Das ist der Fall bei der Segenshandlung: Der Liturg spricht die Segensworte und hebt dazu *sprechbegleitend* seine Arme zur Segensgeste. Aber er kann Gesten auch *sprechersetzend* verwenden: Der Liturg kann vermittels der Wortsprache der Gemeinde mitteilen, dass sie sich zum Gebet erheben soll, oder er kann diese Aussage mit einem angewinkelten Unterarm und ausgestreckter Hand als Geste »sagen«, wenn er den Arm von der Gürtelhöhe zur Brusthöhe hebt.

Als dritte Möglichkeit steht die von der verbalen Sprache ganz *unabhängige Geste* zur Verfügung. Ihre Definition orientiert sich an der Persönlichkeit, an den Stimmungen und Gefühlen: Z. B. zeigt ein Mensch mit der Geste des Aufrechtgehens oder des Gebeugtgehens an, ob es ihm gut geht oder ob er niedergeschlagen ist. Diese Geste wird beibehalten völlig unabhängig davon, was der Inhalt eines Gesprächs ist. So wird ein trauernder Mensch eine längere Zeit hindurch einen niedergeschlagenen Eindruck machen und doch zur alltäglichsten Lebensbewältigung die unterschiedlichsten Gespräche führen müssen, die mit seiner Trauer nichts zu tun haben. Offensichtlich existiert diese Geste unabhängig von der verbalen Sprache. Die am häufigsten vorkommenden Gesten im Gottesdienst sind die sprechbegleitenden Gesten.

– Der Gottesdienst wird mit dem trinitarischen Votum »Im Namen des Vaters und des Sohnes und des Heiligen Geistes« eröffnet und nicht nur römisch-katholische Christen bekreuzigen sich selbst während des Votums. Damit ist wort- und körpersprachlich zum Ausdruck gebracht, in wessen Namen der Gottesdienst gefeiert wird und auf Grund welches Heilsereignisses, nämlich auf Grund Jesu Kreuzestod und Auferstehung, der Gottesdienst vollzogen wird. Dieselbe Geste kann auch zum Schluss des Gottesdienstes wiederkehren, wenn der Liturg den Segen spricht, die Arme dazu hebt und den Segen mit einem Kreuzeichen beschließt, was die Gottesdienstteilnehmenden aufnehmen, das Kreuzeichen an sich selbst vollziehen und dann auch die Wortsprache aufnehmen, indem sie den Segen mit dem »Amen« beenden.

Hier zeigt sich, wie in der Kombination von Wort- und Körpersprache ein fundamentaler Inhalt des Glaubens mit wenigen Worten und Gesten zum Ausdruck gebracht werden kann – und dieses hochkomplexe Sprachverständnis, das sich nicht nur auf die Wortsprache beschränkt, wird noch leistungsfähiger, wenn dabei bedacht wird, dass beim Segen sich die Gemeinde erhoben hat und der Liturg am Altar steht, am Ort des Sakraments und des Gebets, von wo her sich Gott den Menschen gnädig zuwendet und wo sich die Menschen Gott zugewandt haben. So kann durch die einfache Geste des sich an einen bestimmen Ort Stellens ein Inhalt in einem Glaubensausdruck manifest werden. Nun kann natürlich dieses Sprachereignis noch weiter ausgedeutet werden, womit allerdings der hier als Thema gewählte Bereich der Geste verlassen wird: welche Segensformulierung hat der Liturg gewählt, spricht er ihn oder hat er ihn gesungen, welche liturgische Kleidung hat er zum Segnen angelegt, benutzt er einen liturgischen Gegenstand, wie z.B. ein Kreuz oder Kerzen zum Segnen, mit welcher Formulierung ist die Segenshandlung eingeleitet worden, die wiederum den Segen vordefiniert, usw. usf.! Die Deutungen, die mit dem Segnen aufgerufen werden und zum Ausdruck gelangen, sind zahlreich und vielfältig und können sehr variabel sein – hier kann mit der hochkomplexen Sprache vieles zum Ausdruck gelangen. Der Segen muss nicht zum Abschluss eines jeden Gottesdienstes gleich sein, sondern kann dank seiner reichen Ausdrucksmöglichkeiten das Ereignis des je eigenen Gottesdienstes aufnehmen und so diesen adäquat zum Abschluss bringen.

– Eine weitere mit den Armen ausgeführte Geste ist die sogenannte Orantenhaltung, also die Gebetshaltung des Liturgen. Aus der Alten Kirche wird berichtet, dass der Liturg während des Gebets die Arme zum Himmel emporhob und auch nach oben sah – was wahrscheinlich die Gemeinde ebenso ausführte und als ganz natürlich ansah, da sie ja nun zu Gott sprachen, der sich oben im Himmel befindet, zu dem man aufsieht und dem man sich entgegen streckt. Davon ist bis heute erhalten geblieben, dass der Liturg seine Arme leicht angewinkelt und mit geöffneten Handflächen etwa auf Schulterhöhe nach oben seitlich vom Körper streckt. Der Liturg, der das Gebet der Gemeinde anleitet, zeigt mit dieser Haltung, dass das Gebet der Gemeinde an Gott gerichtet ist – auch wenn er heute üblicherweise den Kopf gesenkt hält. Dass dies damit zusammenhängt, dass kaum mehr frei gebetet, sondern das Gebet aus der Agende oder aus einem Manuskript abgelesen wird, legt sich als Vermutung nahe. Vielleicht bedeutet es ja auch, dass auf diese Weise Bitten geäußert werden, die die Gemeinde mit gesenktem Haupt demütig an Gott richtet. Für ein Lob-

und Dankgebet, wie z. B. ein Eucharistiegebet während des Heiligen Abendmahls, wäre diese Haltung allerdings unangemessen, denn nun soll ja die Freude, das Loben und Danken zum Ausdruck kommen. Senken gleichwohl alle Betenden ihr Haupt, dann wird aus Gewohnheit eine Körpersprache verwendet, die nicht zum wortsprachlich ausgedrückten Inhalt passt, ja dem Inhalt sogar widerspricht. Die Verwendung dieser Geste als Körpersprache muss dann als »Versprecher« angesehen werden.

– Auch Sitzen und Stehen sind Gesten. Stehen ist immer eine Ausdrucksform der Aufmerksamkeit und auch des sich Anstrengens. So steht man nach alter Regel zu allen Gebeten, weil man Gott nicht in lässiger und bequemer Sitzhaltung anspricht. Sogar zu den Liedern, die ja meist Gebete sind, steht die Gemeinde in fast allen Ländern der Welt auf, nur nicht in Deutschland. (Ein Übriges ist es, das man im Stehen auch besser singen kann.) Dagegen wird zur Predigt und zu den Lesungen gesessen, aber wieder zum Evangelium, der Stimme Christi selbst, aus Ehrerbietung gestanden.

Aber nicht alle Gesten sollen oder gar müssen zeremoniell, was manche als liturgisch ansehen, ausgeführt werden – im Gegenteil! Gesten sind Sprachhandlungen und keine mechanisch ausgeführten Bewegungsvollzüge, denn sie nehmen Teil an der je eigenen Situation und in einem je eigenen Kontext des ganzen Kommunikationsvollzuges. Darum passt sich die Ausdruckform diesen Bedingungen an, um eine möglichst gute und genaue Verständigung mit dem Kommunikationspartner zu erreichen.

Das ist sehr schön an der *Geste des Friedensgrußes* zu beobachten. Wenn der Liturg vom Altar aus vor der Kommunionausteilung auffordert, einander ein Zeichen des Friedens zu geben, ist diese Situation erreicht: Je nach dem, wie gut man sich kennt oder ob man sich fremd ist, ob der Gottesdienst in freudiger Stimmung gefeiert wurde oder eher langweilig und eintönig war usw., wird sich das auf die Ausführung dieses

Grußes auswirken: Manche wenden sich einander zaghaft zu, geben sich die Hand und nicken einander freundlich zu. Andere nehmen die Formulierung des Liturgen auf und sagen »Friede sei mit dir«. Einige dagegen wenden sich nicht nur den unmittelbaren Nachbarn zu, sondern suchen andere, ihnen wohlbekannte Personen im Kirchenschiff auf, um ihnen mit persönlichen Worten den Frieden zu wünschen, andere nehmen einander herzlich in die Arme, andere dagegen wieder tröstend, wenn Gemeindemitglieder trauern oder in Not sind. Die Ausdrucksmöglichkeiten sind unbegrenzt und werden je nach Situation und Person frei gewählt. Die liturgisch vorgeprägten üblichen Handlungen können eine Hilfe sein, aber dürfen sich nicht als Hindernis erweisen, über sie hinausgehen zu können, um sich entsprechend auszudrücken.

So habe ich es als wunderbar und durchaus hochliturgisch erlebt, als während einer Technomesse, in der ein junger Erwachsener konfirmiert wurde, nach der vollzogenen Konfirmationssegnung ein Sturm der Anteilnahme, der Begeisterung, des Glückwünschens ausbrach.[3] Die Jugendlichen umringten den Konfirmierten, umarmten ihn, sprachen ihn an, überreichten ihm rote Rosen – Zeichen der Liebe! Die vielen Jugendlichen im Kirchenschiff waren in voller Bewegung, alle waren innerlich wie äußerlich dabei. Da vermischten sich spontane wie auch vorbereitete Ausdrucksformen, schließlich fielen die roten Rosen nicht vom Himmel, sondern lagen bereit und waren mit Bedacht gewählt. Nach dieser überwältigenden Anteilnahme wurde die Techno-Liturgie fortgesetzt und das Heilige Abendmahl in begeisterter Stimmung und mit vielen Gesten gefeiert. Welche ein Ausdrucksreichtum hat sich da in Wort- und Körpersprache gezeigt und wie eindrücklich konnte damit umgegangen werden.

Aber nicht nur in Technomessen – und damit in Ausnahmesituationen –, sondern ebenso in herkömmlichen Gemeinden zeigt sich eine spürbare Belebung der Gottesdienste,

3   Technomesse in der Lutherkirche, in: ZGDP 6 (1998) 17–20.

wenn nicht mehr auf den bewussten und selbst gestalteten Einsatz von Körpersprache verzichtet wird. Die Ausdrucksmöglichkeiten lassen sich nicht allein auf die Wortsprache beschränken, sondern die Wortsprache verlangt geradezu nach begleitenden und den Sinn dieser Worte unterstreichenden Gesten. Das Potenzial des Menschseins und damit seine umfassende Sprachfähigkeit kann bereichernd zur Feier der schönen Gottesdienste des Herrn zum Einsatz kommen.

 Testen Sie sich selbst

⊕ Probieren Sie unterschiedliche Segensgesten und -haltungen aus.
⊕ Begründen Sie einen sinnvollen Wechsel von Stehen und Sitzen im Gottesdienst.

Zum Schluss noch ein Wort zur Theologie der Liturgie, zur Liturgietheologie oder liturgischen Theologie oder wie man die Sache auch immer verstehen kann und will …

24 Liturgische Theologie und Theologie der Liturgie

Eine liturgische Theologie und eine Theologie der Liturgie sind nicht dasselbe. Man unterscheidet zwischen beiden auch als *theologia prima* und *theologia secunda*. Die liturgische Theologie – manchmal wird auch »Liturgietheologie« geschrieben – hat die Liturgie als Quelle für die Theologie im Blick. Sie geht also vom Glaubensvollzug in der Liturgie, vom Glaubensgeschehen und von der Glaubenserfahrung aus, die sich in der Liturgie ereignen. Aus dieser Quelle wird Theologie formuliert. Es wird gerne auf Prosper von Aquitanien († um 455) verwiesen, der mit dem Satz *legem credendi lex statuat supplicandi* zum Ausdruck gebracht hat, dass die Regel des Betens die Regel des Glaubens bestimmt – kurz gefasst wird dies mit *lex orandi* und *lex credendi* bezeichnet.

> *Es soll also eine liturgische Theologie aus der Liturgie selbst formuliert werden, die die Begegnung von Gott und Mensch in der liturgischen Feier zum Ausgangspunkt nimmt. Liturgiefremde Aspekte sollen zunächst außen vor gelassen werden – hier kommt wieder zu Bewusstsein, dass die liturgischen Elemente und die Feier der Liturgie auch einen Eigensinn und ein Eigenleben haben. Das kann die liturgische Theologie zum Ausdruck bringen, weil der Glaube und die Kirche um ihrer selbst willen nicht auf die Feier der Liturgie, auf den Gottesdienst verzichten können.*

Eine Theologie der Liturgie dagegen nimmt Vorgaben auf, die nicht aus der Liturgie selbst stammen. Diese Vorgaben können aus der systematischen Theologie, aus der historischen Erforschung der Liturgie, aus anthropologischen oder kulturwissenschaftlichen Überlegungen, oder ganz einfach aus ihrer praktischen Anwendung kommen. Vorgaben, die nicht aus der Liturgie stammen, sind z. B. die Schrift- und Bekenntnisgemäßheit der gottesdienstlichen Liturgie, die Beachtung der Tradition, auch eine ganze Reihe von gemeindepraktischen, kirchenbaulichen und milieuspezifischen Vorgaben. Diese Liste der durchaus zu beachtenden Vorgaben ließe sich noch lange erweitern. Sie sind auch nicht falsch, aber man sollte den Unterschied nicht unbeachtet lassen, dass eine Theologie der Liturgie sagt, wie Liturgie sein *soll*, wohingegen eine Liturgietheologie sagt, wie Liturgie *ist*. Beides ist für eine wissenschaftliche Reflexion von Gottesdienst und Liturgie unerlässlich. Beide theologischen Zugänge bilden Pole, die sich als *theologia prima* und *theologia secunda* bezeichnen lassen.

– Wer also nur zum Gottesdienst kommt, um seine Erwartungen erfüllt zu sehen, und nicht mehr wahrnehmen kann, was die liturgische Feier als Eigenes zeigt, auf das man sich einlassen kann und in das man auch mit hinein genommen wird, wird wenig Verständnis für eine liturgische Theologie entwickeln können.

– Wer keine Kritik an der Liturgie verträgt, sondern sie immer gleich als Ausdruck von Unglauben zurückweist, wird wenig Verständnis entwickeln für berechtigte Anfragen an den Vollzug des Glaubens in der Liturgie.

Auch die Liturgie ist nicht unfehlbar, ist nicht gefeit gegen Fehlentwicklungen – da kann der Hinweis auf die Norm der Heiligen Schrift notwendig sein. Und genau dort zeigt sich z. B. die Beziehung, die Relation beider Pole, die Spannung zwischen der *theologia prima* und *theologia secunda*: Bevor es die Schriften des Neuen Testaments gegeben hat, haben die Urchristen schon Gottesdienst und insbesondere das Heilige Abendmahl gefeiert. So manche Gottesdiensterfahrung ist als gemeindeeigene Bildung in den Text der neutestamentlichen Schriften eingeflossen. Diese enge Verzahnung – Gottesdiensterfahrungen, die textlich fixiert wurden, gingen ein in den Kanon heiliger Schriften, die wiederum als Norm für die Liturgie angesehen werden – zeigt exemplarisch auf, dass beide Weisen Theologie zu treiben verstanden werden können als zwei Pole, die in eigentümlicher Spannung zueinander stehen.

Das ähnelt der theologischen Frage, wie sich – um beim Beispiel der Heiligen Schrift zu bleiben – Gottes Wort und Menschenwort zueinander verhalten. Auch die Liturgie ist von Menschen gemacht, aber indem Menschen Liturgie feiern, vertrauen und hoffen sie darauf, dass Gott in, mit und unter dieser Feier wirkt. Sie können und wollen um Gottes Wirken beten – aber Gottes Wirken bleibt ihnen unverfügbar. Ereignet es sich, dann zeigt die Liturgie ihren Eigensinn und ihr Eigenleben.

 Testen Sie sich selbst

⊖ Antworten Sie mit jeweils einem Satz: Was ist liturgische Theologie und was ist eine Theologie der Liturgie?
⊖ Begründen Sie die Auffassung, dass »theologia prima« und »theologia secunda« zwei Pole einer Relation sind.

Publikationsnachweise

Zur Einführung
Feiern und Feste, in: Pastoralblätter 150 (2010) 164–168.
Kann man einen Gottesdienst überfordern – oder: Hat der Gottesdienst ein Burn-out? Erstveröffentlichung
Gottesdienste alternativ. Erstveröffentlichung
Die zunehmende Kasualisierung von Gottesdiensten an Sonntagen, in: Pastoralblätter 141 (2011) 293–297.
Der Gottesdienst ist eröffnet – die Bedeutungen beginnen zu spielen, in: Pastoralblätter 147 (2007) 70–74.
Psalmgebet – in die Gebetstradition eingetaucht, in: Pastoralblätter 151 (2011) 71–74.
Kyrie eleison – der Herr ist groß und wir sind klein? In: Pastoralblätter 141 (2001) 191–196.
Gloria in excelsis – Gloria und alle Glorien, in: Pastoralblätter 142 (2002) 66–70.
Kollektengebet – Tagesgebet – Eingangsgebet, in: Pastoralblätter 148 (2008) 786–790.
Schriftlesungen – wer sagt hier eigentlich was? In: Pastoralblätter 151 (2011) 434–439.
Glaubensbekenntnis – warum es im Gottesdienst auch nicht nötig sein könnte, in: Pastoralblätter 142 (2002) 495–500.
Gottesdienst und Taufe, in: Pastoralblätter 152 (2012) 142–148.
Predigt und Abendmahl – ein nicht immer konfliktfreies Feld, in: Pastoralblätter 143 (2003) 745–748.
Kleidung nach Maß, in: Pastoralblätter 145 (2005) 319–324.
Moderation im Gottesdienst? In: Pastoralblätter 144 (2004) 686–690.
Abendmahlsgebet – Eucharistiegebet. Erstveröffentlichung
Christe, du Lamm Gottes – muss man das immer singen? In: Pastoralblätter 146 (2006) 149–153.

Gebete aus der Literatur – oder eigene Gebete? In: Pastoralblätter 146 (2006) 461–464.

Fürbitten – was betet man öffentlich, was lieber nicht? Erstveröffentlichung

Vaterunser – kann immer gebetet werden. Erstveröffentlichung

Lied, Musik und Atmosphäre – falls kein Raumteiler im Weg steht. Erstveröffentlichung

Segnen und verfluchen. Erstveröffentlichung

Gesten und Gebärden, Sitzen und Stehen und manch andere Verstrickungen, in: Pastoralblätter 142 (2002) 626–632.

Liturgische Theologie und Theologie der Liturgie. Erstveröffentlichung